Ken Kray

Kinder Eltern und Ich

Dieses Buch ist meiner Tochter und meiner
Frau gewidmet, den wichtigsten Menschen in
meinem Leben und all den Kindern dieser Welt

FSC
www.fsc.org
MIX
Papier aus ver-
antwortungsvollen
Quellen
Paper from
responsible sources
FSC® C105338

Ken Kray

Kinder Eltern und Ich

Wie Kinder zu starken Persönlichkeiten werden

Impressum

Bibliografische Information der
Deutschen Nationalbibliothek:
Die Deutsche Nationalbibliothek verzeichnet diese
Publikation in der Deutschen Nationalbibliografie;
detaillierte bibliografische Daten sind im Internet
über http://dnb.dnb.de abrufbar.

Lektorat: Magdalena M.
Korrektorat: Magdalena M.

Herstellung und Verlag:
BoD – Books on Demand, Norderstedt

ISBN: 9783758388231

Inhaltsverzeichnis

Vorwort

Um es vorwegzunehmen: Das Buch von Ken Kray ist sehr empfehlenswert für alle, die sich ernsthaft mit Kindererziehung beschäftigen.

Gestaltet ist dieses bemerkenswerte Buch mittels eines interessanten und bewegenden Ansatzes: Vom eigenen verstörenden Erleben in der Kindheit ausgehend, fortfahrend mit theoretisch behavioralen und psychodynamischen Naturgesetzen, werden vom Autor Ken Kray sehr gut lesbare Erläuterungen der Zusammenhänge und ebenso schlüssige Handlungsempfehlungen für den familiären Alltag abgeleitet. Alles wird getragen von einer humanistischen Einstellung zum Kind und zum Menschen an sich. Natürlich können nicht alle Erlebnisbereiche einer Kindheit im Rahmen dieser Herangehensweise beleuchtet werden (etwa Intelligenzunterschiede, Geschwisterkonstellationen oder Sexualität), aber das tut dem Buch in seiner grundsätzlichen Bedeutung keinen Abbruch.

Mit meinem Hintergrund als Psychotherapeut, Dozent und Forscher mit jahrzehntelanger

Erfahrung in der Behandlung, Beratung und Evaluierung von menschlichen Schicksalen und Entwicklungsbemühungen, will ich dieses Buch jedem wärmstes empfehlen.

Dem Leser sei ans Herz gelegt: Lass dich berühren und lerne daraus.

Dr. phil. Otto Glanzer

Cholerische Bedrohung

Ich bin 7 Jahre alt und stehe wie erstarrt auf der Treppe unseres kleinen Einfamilienhauses, welche vom ersten Stock ins Parterre führt. Die letzten beiden Stufen wage ich nicht zu betreten, während meine Augen auf die geschlossene Küchentür gerichtet sind. Der blaue Himmel und die warme Sonne draußen stehen im Kontrast zu dem Gefühl der Beklemmung, das meinen Körper erfasst, während mein Stiefvater meine Mutter in der Küche anschreit. Ein Gefühl der Angst breitet sich aus, als würde in der Stille zwischen den schallenden Worten eine dunkle Bedrohung immer größer und größer werden.

In meinem Schlafanzug, der normalerweise Geborgenheit und Komfort vermittelt, klammere ich mich am Geländer fest. Meine Hände umklammern es so fest, dass meine Fingerknöchel weiß hervortreten. Doch es ist nicht die Kälte des Geländers, die mich frösteln lässt. Es ist die Unsicherheit, die mich lähmt und die mich daran hindert, einen Schritt weiterzugehen. Ein Widerstreit entbrennt in mir zwischen dem Verlangen nach Sicherheit und dem Drang, meiner Mutter beizustehen.

Mein Blick bleibt auf die Küchentür gerichtet, hinter der sich die Hölle abspielt. Das Brüllen meines Stiefvaters dringt wie ein Paukenschlag auf mich ein und erzeugt unbeschreibliche Ängste in mir. Jeder Schrei, jeder Wutschrei dringt bis tief in meine Seele vor und lässt sie erzittern.

Die Welt da draußen scheint so fern und unerreichbar. Die Geräusche des Alltags, das fröhliche Vogelgezwitscher, das Lachen spielender Kinder in der Nachbarschaft, all das ist in diesem Moment vollkommen ausgeblendet. Meine ganze Aufmerksamkeit ist auf die geschlossene Tür zur Küche gerichtet, die zum Schauplatz eines unerbittlichen Sturms geworden ist.

Mit jeder Sekunde, die vergeht, steigt die Verzweiflung in mir auf. Ich möchte meiner Mutter helfen, ihr beistehen, doch ich fühle mich wie gelähmt. Die Angst vor diesem Mann, vor seiner unbändigen Wut und Gewalt, lässt mich erstarren. Ich frage mich, was mir passieren wird, wenn ich mich dazwischen stelle, wenn ich versuche, die Wogen zu glätten. Werde ich genauso angeschrien und beschimpft werden? Werde ich die Konsequenzen tragen müssen für das, was meine Mutter angeblich falsch gemacht hat? Was für Konsequenzen werden das sein?

In meinem Inneren tobt ein Sturm aus Emotionen. Traurigkeit, Wut, Angst und Ohnmacht vermischen sich zu einem undurchdringlichen Knoten, der mich gefangen hält. Ich kann mich nicht bewegen. Ich fühle mich verloren in diesem Strudel aus ungewissen Gedanken und Gefühlen. Während ich hilflos zusehen muss, wie meine Mutter bedroht wird.

Die Zeit scheint stillzustehen, während ich auf der Treppe verharre. Die Sekunden dehnen sich zu Minuten aus, und doch bleibt alles im selben Zustand gefangen. Meine Mutter weint, versucht sich zu verteidigen, doch ihre Worte gehen im schier endlosen Strom der Schreie meines Stiefvaters unter. Es ist ein einseitiges Gespräch, ein brutaler Monolog, der keine Chance für eine Versöhnung oder Verständnis bietet.

Ich stehe dort auf der Treppe, einsam und verängstigt. Meine kindliche Seele sehnt sich nach Normalität, nach Geborgenheit und nach einem Zuhause, in dem Frieden und Liebe herrschen. Doch stattdessen werde ich über viele Jahre Zeuge unerbittlicher Auseinandersetzungen gegen meine Mutter und gegen mich, die meine Kindheit überschatten und prägen.

Das Schreien und Brüllen, das meine Ohren erfüllt, mag zwar keine physische Gewalt sein, doch es hinterlässt Narben auf meiner Seele, die nur schwer zu heilen sind. Es ist eine Form der Gewalt, die meine kindliche Unschuld erschüttert und meine Welt ins Wanken bringt.

Desinteresse

In meiner Kindheit lasteten nicht nur die schmerzhaften Ausbrüche meines cholerischen Stiefvaters auf mir und eine Mutter, die mich davor nicht beschützt hat, sondern auch eine weitere Quelle des Leids. Das Desinteresse meiner Eltern an meinen Interessen, ein Desinteresse, das für ein Kind gleichbedeutend ist mit der Gleichgültigkeit gegenüber dem Kind selbst.

Mein Stiefvater lebte in einer Welt, die ganz von seinen eigenen Werten geprägt war. Meine Mutter hatte mich als Säugling nach meiner beinahe tödlichen Geburt im Krankenhaus zur Adoption freigegeben, nur um mich später doch zu sich zu nehmen. Doch selbst in den folgenden Jahren waren meine Eltern vor allem mit sich selbst beschäftigt. Ihre tiefe Religiosität bestimmte ihr Denken und ihre Welt drehte sich letztendlich hauptsächlich um sie selbst und ihren Glauben.

Als Kind spielte ich darin eine sekundäre Rolle, geprägt von zwei entscheidenden Faktoren. Zum einen war das Interesse an meiner Person, meinen Interessen und Wünschen äußerst begrenzt. Zum anderen erfuhr ich nur dann Bestätigung, wenn ich mich in ihre religiöse Welt einfügte. Wenn ich also etwas tat, das den Vorstellungen ihres Weltbildes entsprach, erhielt ich die Anerkennung, nach der jedes Kind strebt.

Die Bestätigung, die ich erhielt, bezog sich somit nicht auf mein wahres Sein, wer ich wirklich war und was mich ausmachte, sondern allein darauf, ob ich den Erwartungen meiner Eltern entsprach. Ich erfuhr keine Bestätigung für meine eigene Individualität, für das, was mich einzigartig machte. Folglich konnte meine kindliche Seele nur den Schluss ziehen, dass ich nicht gewollt war, dass ich nicht richtig war, dass ich falsch war und dass ich nicht in diese Welt gehörte.

Infolgedessen konnte ich kein Urvertrauen aufbauen. Über das Thema des Urvertrauens werden wir später noch ausführlicher sprechen. An dieser Stelle sei nur so viel gesagt. Die wichtigste Zeit zur Entwicklung eines gesunden Urvertrauens findet in der Kindheit statt. Wurde dies versäumt, kann sich das wie ein negativer Faden durch das gesamte weitere Leben eines Menschen im Erwachsenenalter ziehen und es ist äußerst schwierig, es im Nachhinein wiederzugewinnen. Das Desinteresse an den Interessen eines Kindes ist eine maßgebliche Ursache für dieses Leiden, das einen ein Leben lang vor Herausforderungen stellen kann.

Wie es weiterging

In den darauffolgenden Jahren meines Daseins musste ich lernen, mit den Folgen dieser erzieherischen Prägung umzugehen. Es war eine Reise, auf der ich einen Weg finden musste, um mit den daraus resultierenden Defiziten in mir umzugehen und ihre negativen Auswirkungen auf meinen Alltag einzudämmen. Zugleich widmete ich mich intensiv den Ursachen und Auswirkungen, sei es durch einschlägige Literatur, der Erforschung der psychologischen Komponenten oder der Auseinandersetzung mit erzieherischen Ansätzen. Ob es um Kinder oder Erwachsene ging, ob ich um die Neurowissenschaften oder die Tiefen der Psychologie kreiste – ich tauchte in diese Materie ein und versuchte Lösungen für mich zu finden.

Der tiefe Wunsch in mir, Kindern und Eltern zu helfen, basiert auf den Erfahrungen meiner eigenen Kindheit und den Erkenntnissen, die ich durch die Aufarbeitung dieser Erfahrungen gewonnen habe. So reifte in mir die Überzeugung, dass es möglich ist, Kindern zu helfen, wenn wir über die grundlegenden Prinzipien im Umgang mit ihnen sprechen. Denn in der Tat, um eine gesunde Beziehung zu unseren Kindern aufzubauen, bedarf es keiner komplexen psychologischen Lösungen. Das Pareto-Prinzip, auch als das „20/80-Prinzip" bekannt, gilt hier genauso: Mit 20% unserer Anstrengungen können wir 80% positive Ergebnisse erzielen. Der Rest sind Feinheiten, die sich mit der Zeit entwickeln. Und die Grundlagen sind es, die wirklich nicht schwer sind. Sie sind eingänglich, leicht nachzuvollziehen und bewirken doch so viel.

Ich hege den innigen Wunsch, dass meine Worte dazu beitragen können, Kinder vor den schmerzhaften Erfahrungen zu bewahren, die ich selbst durchleben musste. Wenn meine Worte auch nur einem Kind helfen können, dann verleiht das meinem eigenen Leid einen Sinn. Für all jene, die bereits intuitiv richtig handeln und eine gesunde Beziehung zu ihren Kindern pflegen, mögen meine Worte eine Bestätigung oder Inspiration sein.

An dieser Stelle möchte ich insbesondere all jenen Menschen meinen aufrichtigen Dank aussprechen, die bereits harmonische Eltern-Kind-Beziehungen führen. Ihre Bilder von Liebe und Verbindung, von Familie und Geborgenheit, berühren mich zutiefst und erfüllen mein Herz mit großer Freude. Die Vorstellung, dass ein Kind in diesen Familien aufwachsen darf, erfüllt mich mit großer Dankbarkeit. Es sind Menschen wie diese, die die Welt zu einem besseren Ort für unsere Kinder machen.

Schreibt mir auch gern euer Feedback, wenn Ihr etwas auf dem Herzen habt. Eine E-Mail Adresse findet ihr im Impressum.

Im folgenden Abschnitt möchte ich über die möglichen Auswirkungen sprechen, die sich im Erwachsenenalter aus der Art der Erziehung ergeben können, die ich durch meine Eltern erfahren habe. Es ist wichtig, einen genaueren Blick auf die Symptome zu werfen und ihre unterschiedlichen Ausprägungen zu beleuchten. Denn sie sind wie feine Fäden, die sich durch das spätere Erwachsenenleben ziehen können, mal mehr, mal weniger deutlich sichtbar. Sie beeinflussen Entscheidungen, Beziehungen und Gefühle.

Es ist wichtig, diese Symptome zu verstehen und anzuerkennen. Das unterstützt uns dabei, zu begreifen, wie wichtig die Kinderjahre sind und welche richtungsweisenden Auswirkungen unsere Beziehung zu unseren Kindern auf deren späteres Erwachsenenleben hat. Es ist ein Schritt in Richtung Heilung und Wachstum, wenn wir uns bewusstwerden, wie unsere Kindheit unsere Gegenwart beeinflusst. Und obwohl es nicht immer einfach ist, diesen Weg zu gehen, können wir durch Selbstreflexion und

Unterstützung von anderen die Fäden entwirren und unser Leben in eine Richtung lenken, die inneren Frieden und Glück bringt.

Mögliche Auswirkungen

Die Prägungen der Kinderjahre weben ein komplexes Muster erlernter Verhaltensweisen, das ein Mensch mit ins Erwachsenenleben nimmt. Doch welche Muster sich entwickeln, um erzieherische Defizite auszugleichen, sind von Individuum zu Individuum verschieden. Nicht so die Gruppe der Verhaltensmuster selbst, die überschaubar und ausführlich erforscht ist. Der Mensch ist nicht allein das Produkt seiner Sozialisation oder nur die Summe aller äußeren Einflüsse. Er trägt auch etwas in sich, das ihn einzigartig macht, seit dem Moment seiner Geburt. Diese Einzigartigkeit, verbunden mit den äußeren Einflüssen, formt Verhaltensmuster. So können Kinder mit denselben Einflüssen defensive Verhaltensmuster entwickeln oder auch offensiver reagieren, um nur ein Beispiel zu nennen.

Im Laufe der Zeit entfalten sich in der kindlichen Seele somit eine Vielzahl von Lösungsstrategien, die als wertvolle Antworten auf alle Einflüsse entstehen. Grundsätzlich dienen sie dem Überleben. Diese tiefverwurzelten Verhaltensmuster, die einst als Schutzschilde fungiert haben können, lassen sich im Erwachsenenalter dann nicht mehr so einfach abschütteln.

Doch was in der Kindheit einst als wirksames Mittel zur Bewältigung von als bedrohlich empfundenen Situationen gedacht war, kann im später „normalen" Alltag des Erwachsenen zu einem Stolperstein werden. Das Bewusstsein, dass sich das Kind in einer Welt bewegt, die sich verändert hat, scheint verschwommen und die einst nützlichen Verhaltensmuster wirken nun wie veraltete Relikte vergangener Zeiten. Situationen, die eigentlich harmlos sind, werden plötzlich von einer unheilvollen Aura umgeben und lösen die alten, erlernten Reflexe aus. Der erwachsene Geist verstrickt sich in den Fäden der Vergangenheit und kann so auf eine Weise reagieren, die in der Gegenwart, vor allem für ihn selbst, aber auch für seine Umgebung, zur Herausforderung wird.

Wenn wir unser Bewusstsein schärfen und erkennen, dass diese tiefverwurzelten Muster einst einen Zweck erfüllten, öffnet sich die Tür zur Befreiung. Der feine Faden, der uns gefangen hält, kann mit jedem bewussten Schritt entwirrt werden. Doch warum warten? Schon frühzeitig können wir ansetzen, unsere Erziehung mit einem wachsenden Verständnis zu gestalten, und den Weg ebnen, damit unsere Kinder diesen mühsamen Pfad gar nicht erst beschreiten müssen.

Perfektionismus

Perfektionismus, ein allzu bekanntes Beispiel, dessen Grundsteine nicht selten in der Kindheit gelegt werden, um später zur Qual zu werden. Perfektionismus ist eine typische Verhaltensweise, die sich aus dem Thema des „Nicht-gut-genug-Seins" entwickeln kann. Ablehnung und Zurückweisung sind natürlich grundsätzliche Auslöser dafür, dass sich ein Kind übermäßig anstrengt, um Anerkennung zu erlangen.

Besonders unglücklich wird es allerdings dann, wenn die Erwartungen der Eltern sich von der Persönlichkeit und den Wünschen des Kindes stark unterscheiden. Denn sogar wenn Lob und Anerkennung auf diese besonderen Erwartungen der Eltern folgen, wird das Kind dies als Bestätigung für das, was es leistet, und nicht dafür, was es ist, wahrnehmen. Für das Kind wird sich das Lob so anfühlen, als ob etwas fehlt. Und so kann es sich noch so sehr anstrengen, es bleibt bei dem Gefühl, nicht gut genug zu sein.

Es beginnt ein endloser Kreislauf des Strebens nach Perfektion. Das Kind strebt danach, noch besser zu werden, die Erwartungen noch mehr zu erfüllen, nur um immer wieder das Gefühl zu haben, nicht gut genug zu sein, weil es nicht die Liebe um seiner selbst willen erfahren kann, die es so sehr braucht. Das führt zu Stress und

Unzufriedenheit und dazu, dass es sich selbst immer stärker kritisiert und Schwierigkeiten hat, Fehler zu akzeptieren und gesund an ihnen zu wachsen.

In meinem eigenen Leben hatte ich die Gelegenheit, auf der Seite des Arbeitgebers an Bewerbungsgesprächen teilzunehmen. Dabei ist mir aufgefallen, dass Bewerber ihren Perfektionismus anführen, wenn sie nach ihrer Schwäche gefragt werden. Doch in Wahrheit versuchen sie nichts anderes, als eine Schwäche subtil als Stärke zu verkaufen, um ihre wahre Verletzlichkeit nicht offenbaren zu müssen. Sie glauben, dass der potenzielle Arbeitgeber daran interessiert sein muss, dass sie ihre Aufgaben perfekt erfüllen, und sie versuchen dies mit ihrem positiv dargestellten Perfektionismus zu bedienen.

Doch wer den Hintergrund kennt, durchschaut diese Taktik und erkennt den angeblichen Perfektionismus nicht als positive Schwäche. Vielmehr zeigt er, dass man es mit einem Menschen zu tun hat, der tatsächlich leidet. Zudem haben perfektionistisch veranlagte Menschen aus unternehmerischer Sicht ein noch größeres Problem. Sie verhalten sich selten ökonomisch. Sie können zum Beispiel selten gut abschätzen, wie viel Aufwand es wert ist, eine Aufgabe im Verhältnis zum Nutzen für das Unternehmen zu erbringen. Dadurch sind sie anfällig dafür, unglaublich viel Aufwand in Aufgaben zu investieren, die das Unternehmen nicht wesentlich voranbringen und vergeuden so kostbare Ressourcen. Perfektionisten können auch schnell überfordert sein. Wenn ihnen zu viele Aufgaben übertragen werden und sie den Anspruch haben, alles perfekt zu erledigen, aber nicht genügend Zeit dafür haben, geraten sie leicht an ihre emotionalen Grenzen. Sie haben dann nicht die Freiheit, zu entscheiden, dass weniger wichtige Aufgaben weniger Aufwand erfordern und sich auf die wirklich wichtigen zu konzentrieren. Für sie muss jede Aufgabe perfekt erfüllt sein. Doch da es nicht möglich ist, sitzen sie in der Falle.

Von unternehmerischer Seite gibt es zum Beispiel auch Situationen, in denen Produkte nicht perfekt sein müssen, insbesondere zu Beginn. Man benötigt zunächst ausreichend Feedback von den Kunden, um gezielt an den Dingen zu arbeiten, die sie sich wünschen. Ein Perfektionist hingegen würde nur mit enormem Aufwand, Energie- und Kosten ein Produkt entwickeln, bevor er es an den Kunden ausliefert. Er kann es nicht ertragen, eine unfertige Aufgabe abzugeben. Dabei besteht jedoch die Gefahr, dass er an den Kundenwünschen vorbeigearbeitet hat. Dies kann für ein Unternehmen sehr kostspielig sein, da das Produkt bereits Zeit und Geld gekostet hat und der Kunde es möglicherweise nicht haben möchte. Doch der Perfektionist blendet dies aus, denn er ist überzeugt, ein perfektes Produkt entwickelt zu haben und zu müssen, bevor es präsentiert wird. Er schiebt die Verantwortung für die Ablehnung auf den Kunden, anstatt seine eigene Einstellung zu hinterfragen.

Ein vielversprechender Ansatz, die Kundenwünsche so früh wie möglich in den Entwicklungsprozess zu integrieren, kann somit aus unternehmerischer Sicht das MVP (Minimum Viable Product) sein, also die Entwicklung von grundlegenden Eigenschaften eines Produkts. Dabei werden das Feedback und die Wünsche der Kunden zu diesem noch unfertigen und nicht perfekten Produkt eingeholt, um mehr Sicherheit für weitere Investitionen in die Entwicklung zu erlangen. Ein Perfektionist kann auf diese Weise aber nicht arbeiten, da ihm dieser Ansatz widerstrebt.

Der Perfektionismus ist wahrhaftig eine emotionale Qual, die dem Menschen die Zufriedenheit für sein Tun und Sein raubt und ihn in einem ständigen Ungleichgewicht hält. Mit der Zeit entzieht er ihm die Kraft und zehrt an seiner körperlichen und emotionalen Substanz.

Leistungsabneigung

Die Schatten der Leistungsabneigung sind ein weiteres Beispiel und ziehen auch im Erwachsenenalter ihre Kreise. Denn Kinder, deren Erziehung hauptsächlich darauf abzielt, die Erwartungen der Eltern zu erfüllen, können eine tief verwurzelte Abneigung gegenüber Leistung entwickeln. Sie sehnen sich danach, nicht für ihre Errungenschaften geliebt und geschätzt zu werden, sondern für das, was sie als Individuen ausmacht. Dies kann im späteren Leben zu Problemen wie Antriebslosigkeit führen, bis hin zu einer regelrechten, innerlichen Verweigerungshaltung, da die Verknüpfung zwischen einfachen Aufgaben und der Bedingung, nur dafür geliebt zu werden, entsteht. Da das Verlangen, für das eigene Wesen geliebt zu werden, so überwältigend ist, kann dies zu einer unterschwelligen Abneigung führen, Aufgaben als solche freudig wahrzunehmen, da man sich quasi Liebe nicht „erkaufen" möchte. Eine Kinderseele möchte grundsätzlich um ihrer selbst willen geliebt werden.

Kontrolle

Das übermäßige Streben nach Kontrolle ist eine weitere erlernte Verhaltensweise, die in der Kindheit als Bewältigungsmechanismus dienen konnte. Ein Kind, das von Unsicherheit umgeben ist, entwickelt möglicherweise ein Verhaltensmuster, das darauf abzielt, stets die Kontrolle über eine Situation zu behalten. Die Kontrolle vermittelt ein Gefühl von Einflussnahme, um im Ernstfall für die eigene Sicherheit sorgen zu können und zu müssen, da die Eltern diese Rolle nicht ausreichend wahrgenommen haben. Im Erwachsenenalter äußert sich dies beispielsweise darin, dass es schwerfällt, im Team zu arbeiten oder Aufgaben an andere zu delegieren. Man neigt dazu, alle Aufgaben selbst zu übernehmen und auszuführen. Nicht, weil man nicht glaubt, dass andere es genauso gut könnten, sondern aus der Angst heraus, die Kontrolle abzugeben. Wenn man eine Aufgabe jemand anderem überlässt, fühlt man sich unbehaglich und die Fehler, die der andere macht - denn jeder Mensch ist fehlbar - dienen sogleich als Bestätigung dafür, dass man es lieber selbst erledigt hätte.

Dabei übersieht man oft, dass man selbst ebenfalls Fehler macht. Doch sogar das ist einem lieber, als die Kontrolle zu verlieren. Diejenigen, die sich auf diese Weise verhalten, sind fest davon überzeugt, dass sie dies aus den besten Absichten tun, um die Aufgabe erfolgreich zu bewältigen. Doch der eigentliche Grund für ihr Verhalten liegt darin, dass das Übergeben von Aufgaben für sie gleichbedeutend mit dem Verlust von Kontrolle ist und somit eine unmittelbare Gefahr darstellt. Eine Gefahr, die sie als Kind wahrgenommen haben und die im Erwachsenenalter so nicht mehr existiert.

Fehlendes Urvertrauen

Fehlendes Urvertrauen kann im Erwachsenenalter eine Vielzahl von Auswirkungen mit sich bringen und kann selbst ein Symptom einer schwierigen Erziehung in der Kindheit sein, die dem Kind vermittelt hat, nicht vollkommen willkommen zu sein und um seiner selbst willen geliebt zu werden.

Die erste Nuance offenbart sich im Selbstwertgefühl, das sich sanft und dennoch nachhaltig formt. Menschen, denen das Urvertrauen fehlt, tragen oft ein geringes Selbstwertgefühl wie eine schwer zu tragende Bürde. Zweifel und Selbstzweifel nagen an ihnen, und das Anerkennen der eigenen Fähigkeiten scheint wie ein ferner Stern am Himmel der Selbstwahrnehmung.

Doch nicht nur das Selbstwertgefühl ist betroffen, sondern auch die Emotionen. Ängste und Unsicherheiten schleichen sich in die Seele und legen sich wie dichte Nebelschwaden um die Gedankenwelt. Ein beständiges Gefühl der Bedrohung und ein ständiges Kopfkarussell der Sorgen machen es schwer, den Blick auf das

Positive zu lenken und den Mut zu finden, sich auf Erfahrungen und Beziehungen einzulassen.

In den zwischenmenschlichen Verbindungen offenbart sich eine weitere Facette des fehlenden Urvertrauens. Die Fähigkeit, anderen zu vertrauen und sich ihnen zu öffnen, erscheint wie ein verborgener Schatz, den man mühsam bergen muss. Der Boden der Beziehungen ist von Brüchen und Rissen gezeichnet, und das Fundament der emotionalen Nähe bleibt fragil. Es ist ein Balanceakt zwischen dem Verlangen nach Verbundenheit und der Furcht vor Verletzung und Enttäuschung.

Auf der Ebene des eigenen Handelns und Strebens werden die Auswirkungen ebenfalls deutlich. Der bereits erwähnte Perfektionismus schleicht sich wie ein leiser Dieb in die Seele und fordert seinen Tribut. Der Erwachsene stellt sich selbst übermäßig hohe Ansprüche, und der eigene Wert scheint an die Erwartungen anderer geknüpft zu sein. Es ist ein verzweifelter Versuch, Selbstzweifel durch übermäßige Leistung und Kontrolle zu überschatten, ein Tanz auf dem schmalen Grat zwischen Hingabe und Selbstverlust.

Die Schwierigkeiten der Selbstregulation werden zur nächsten Etappe auf dieser Reise des fehlenden Urvertrauens. Emotionen können hervorbrechen wie wilde Stürme. Die Kunst, sie zu beherrschen, bleibt teils unerreichbar. Aber auch die entgegengesetzte Richtung ist möglich und mündet in eine introvertierte innerliche Verkrampfung. Stress, Angst und Wut sind wie gefährliche Fluten, die das innere Gleichgewicht bedrohen und den Frieden der Seele erschüttern. Es ist ein Kampf mit den eigenen Dämonen, ein Ringen um Stabilität und innere Ruhe.

Schließlich offenbart sich das fehlende Urvertrauen in den verworrenen Fäden der eigenen Identität. Die Fragen nach den eigenen Bedürfnissen, Wünschen und Zielen scheinen so unergründlich wie die Tiefen eines Ozeans. Eine unsichere Selbstidentität lässt den Menschen zweifeln, wer er wirklich ist und welchen Platz er in der Welt einnimmt. Die Entscheidungen scheinen wie unsichere Steine auf einem schmalen Pfad, und das eigene Selbst scheint wie ein ungreifbarer Schatten, der durch die Finger gleitet.

So manifestieren sich die Symptome des fehlenden Urvertrauens im Erwachsenenalter in vielfältiger Weise. Sie sind wie stille Begleiter, die im Verborgenen wirken und das Leben auf subtile Weise prägen.

Um im Erwachsenenalter das Urvertrauen nachträglich aufzubauen, bedarf es sehr viel

Mühe, Selbstreflexion und Achtsamkeit. Hier in diesem kleinen Buch möchte ich wertvolle Anregungen geben, die frühzeitig dabei helfen, dieses so wichtige Urvertrauen in unseren Kindern zu fördern und aufzubauen, so dass sie den Stürmen des Lebens auf gesunde Weise gewachsen und für sie gewappnet sind.

Ausklang

Die beschriebenen Symptome sind nur einige Beispiele von vielen, die auftreten können, wenn ein Kind eine schwierige Beziehung zu seinen Eltern hat. Ich habe einige dieser Beispiele genannt, um darauf aufmerksam zu machen, wie weitreichend die Auswirkungen dieser Erfahrungen bis ins Erwachsenenalter sein können.

Oft entwickeln Kinder in schwierigen Situationen besondere Verhaltensweisen, um mit den Herausforderungen umzugehen. Diese Verhaltensweisen können sich im Laufe der Zeit verfestigen. Und was in der Kindheit als Lösung funktionierte, kann im Erwachsenenalter zu verschiedenen Problemen führen.

Vielleicht hast du schon einmal gehört, dass übermäßige Probleme im Erwachsenenalter oft auf die Kindheit zurückgeführt werden können. Das hat einen guten Grund: Die Kindheit spielt die entscheidende Rolle in der psychischen

Entwicklung eines Menschen. Die Erfahrungen, die wir als Kinder machen, prägen unsere Persönlichkeit und unser Verhalten im Erwachsenenalter maßgeblich.

Die Psychologie hat im Laufe der Zeit viele Erkenntnisse darüber gewonnen, wie Menschen funktionieren. Wir verstehen immer besser, wie Kinderjahre die Grundlage für das spätere Leben legen. Die Bedeutung der Kindheit für unsere psychische Gesundheit und unser Wohlbefinden im Erwachsenenalter kann nicht überbetont werden.

Ich hoffe, dass meine Zeilen dir einen Einblick in das Thema einer schwierigen Kindheit und die möglichen Auswirkungen im Erwachsenenalter geben konnten. Im folgenden Kapitel möchte ich über die Grundlagen sprechen, die es braucht, um zu verstehen, was Kinder benötigen, um gesund und gestärkt ins Leben zu starten.

Grundlagen zur Kindesentwicklung

Bevor wir uns dem Abschnitt über die alltäglichen Situationen mit unseren Kindern widmen, wollen wir ein Verständnis für die wichtigsten und grundlegenden Dinge gewinnen, die ihre optimale Entwicklung am stärksten beeinflussen. Indem wir uns mit diesen Hintergründen beschäftigen, finden wir einen Schlüssel, um die Kinder besser zu verstehen. Dieses Verständnis wiederum ermöglicht es uns, uns angemessen und fördernd zu verhalten. Wir erlangen Klarheit darüber, was sie brauchen und warum sie auf bestimmte Weise in bestimmten Situationen reagieren. Dieses Verständnis schenkt uns die kostbare Gabe, ihre Welt mit offenen Augen und offenem Herzen zu betrachten und sie dadurch bestmöglich begleiten zu können.

Urvertrauen

Eine der bedeutendsten Grundlagen für die Beziehung zu unseren Kindern und ihrer zukünftigen Lebensqualität ist das Urvertrauen und unser Verständnis darüber. Im Kapitel „Mögliche Auswirkungen – Fehlendes Urvertrauen" haben wir Symptome angesprochen, die ein fehlendes Urvertrauen erzeugen können. In diesem Kapitel werfen wir erneut einen Blick auf das Thema, diesmal aus der Grundlagenperspektive, um zu verstehen, wie unglaublich wichtig die gesunde Entwicklung des Urvertrauens für Kinder grundsätzlich und besonders für ihre Zukunft ist.

Das Urvertrauen, ein unsichtbarer Pfeiler, der das Leben eines Menschen trägt und prägt. Es entscheidet darüber, wie fest verwurzelt und positiv jemand seinen Weg durch die Welt beschreitet und hat somit unmittelbaren Einfluss auf seinen Erfolg. In unserem Inneren ruht eine Grundfestigkeit, die uns stets das Gefühl vermittelt, dass im Grunde genommen alles in Ordnung ist. Alles ist in Harmonie mit uns selbst. Es ist gut, dass wir auf dieser Erde wandeln und dieses kostbare Leben erfahren. Wir fühlen uns willkommen und eingebettet in den Fluss des Daseins.

Dieses Urvertrauen schenkt uns die Fähigkeit, die Hürden und Rückschläge, die uns auf unserem Weg begegnen, mit größerer Leichtigkeit zu meistern. Es verleiht uns die besten Voraussetzungen, um selbst inmitten von stürmischen Zeiten niemals vollständig aus der Bahn geworfen zu werden. Es ist jene innere Kraft, die uns behütet und uns erlaubt, dem Tanz des Lebens in Gelassenheit zu folgen.

In den unendlichen Facetten des Lebens offenbart sich dieses Urvertrauen auf vielfältige Weise. Es zeigt sich, wenn uns ein Arbeitgeber eine Absage auf unsere Bewerbung zuteilwerden lässt. Es begleitet uns in Konflikten mit anderen Menschen. Es tritt zutage, wenn wir scheinbar an unseren Herausforderungen scheitern.

Doch tief in unserem Inneren schwingt stets das Gefühl mit, dass es weitergeht, dass wir eine Lösung finden werden, dass wir trotz eines Stolpersteins weiterhin positiv bleiben können. Das Urvertrauen in unser Leben und unsere Existenz verhindert, dass wir uns von negativen Ereignissen definieren lassen. Vielmehr befähigt es uns, diese anzunehmen und zu meistern, ohne dass sie uns bestimmen können. Das Urvertrauen ist ein kostbarer Begleiter für unser Dasein. Wenn wir in uns selbst lauschen und nachspüren, werden wir erkennen, wie stark es in uns ist. Es ist wenig überraschend, dass jene, die ihr Leben erfolgreich gestalten - wobei Erfolg hier die individuelle Entfaltung meint - tendenziell ein starkes Urvertrauen besitzen, das ihnen von ihren Eltern mitgegeben wurde.

Das Erkennen der Bedeutung des Urvertrauens führt uns zu den Möglichkeiten, wie wir den Aufbau dieses Vertrauens bei einem Kind fördern können.

Eine weitere wichtige Grundlage für die Beziehung zu unseren Kindern ist das Verständnis darüber, was streitende Eltern für ein Kind bedeuten. Was ich heute erkenne und damals nur eine vage Empfindung war, ist das überwältigende Gefühl der Lebensbedrohung, das von streitenden Eltern ausgeht. Für ein Kind werden streitende Eltern in existenzielle Ängste übersetzt - Ängste, die bis an die Grenzen des Lebens reichen. Der Grund dafür ist, dass die Eltern der einzige Anker sind, das Fundament, auf dem das Kind seine Existenz aufbaut. Ohne sie erscheint das Überleben schier unmöglich. Wenn dieses Fundament erschüttert wird, spürt das Kind, dass etwas nicht in Ordnung ist, dass eine Bedrohung über seinem Leben schwebt. Es kann nicht den rationalen Abstand gewinnen und den simplen Gedanken hegen, dass sich andere um es kümmern könnten, wenn die Eltern versagen. Für das Kind besteht ein unmittelbarer Zusammenhang zwischen der Stabilität der elterlichen Beziehung und der eigenen Existenzgrundlage. Streitigkeiten zwischen den Eltern oder eine instabile Beziehung werden vom Kind als direkte Gefährdung des eigenen Fortbestehens wahrgenommen.

Es ist von großer Bedeutung, dass wir dies tief in uns aufnehmen, dass wir uns vergegenwärtigen, welch schwere Last ein Kind auf seinen jungen Schultern tragen muss, wenn seine Eltern streiten oder ihre Beziehung zerrüttet ist. Es ist keineswegs eine Bagatelle, die morgen schon vergessen ist. Nein, es hinterlässt unauslöschliche Spuren, die sich bis ins Erwachsenenalter eines Menschen erstrecken können. Diese Spuren, tief in der Seele verankert, prägen und formen den Lebensweg eines Menschen und beeinflussen sein gesamtes Dasein.

Unabhängigkeit

Eine weitere, wichtige Grundlage für eine gesunde Beziehung zu unseren Kindern ist das Verständnis über die allgegenwärtige Kraft des Strebens nach Unabhängigkeit in ihnen. Das Streben nach Unabhängigkeit ist ein tief verankertes Ziel, das jedes Kind auf seiner Reise zum Erwachsenwerden begleitet. Tief in seiner Seele sehnt es sich danach, die Fesseln der Abhängigkeit zu durchbrechen und sich selbstbewusst den Herausforderungen des Lebens zu stellen. Die Eltern mögen beängstigt sein, dass ihre Nähe die Loslösung erschwert, doch in Wahrheit liegt darin kein Grund zur Sorge. Wenn wir diese Erkenntnis, dass ein Kind ganz natürlich und von sich aus auf Unabhängigkeit ausgerichtet ist, tief in unserem Inneren verankern, können wir zahlreiche Konflikte entschärfen und das Kind in seinem eigenen Tempo reifen lassen.

Ein Kind strebt danach, seine Schuhe eigenhändig zu binden, das Fahrrad allein zu beherrschen, Schritt für Schritt seine Aufgaben eigenverantwortlich zu meistern. Das Ziel seiner Kindheitsreise ist es, am Ende in den Sonnenuntergang zu reiten und die weite Welt zu erkunden. Die Eltern verabschieden sich am Tor, winken stolz und dennoch mit einer Träne im Auge. So mag es sich in unseren Köpfen abspielen, geprägt von Klischees, doch in einer gesunden Umgebung wird es genauso geschehen - auch wenn die Kinder heutzutage eher den Zug oder das Auto nehmen, um ihre Universitätsstadt oder einen anderen Ort der Ausbildung zu erreichen. Und der Vater darf beim Abschied durchaus auch eine Träne in den Augen haben.

Wenn ein Kind in einer gesunden Umgebung aufwächst, wird es sich im Laufe seiner Entwicklung zunehmend von den Eltern lösen und eines Tages zurückkehren, um eine wundervolle Beziehung zu pflegen, wenn die Eltern es zuvor haben gehen lassen.

Es ist von größter Bedeutung zu verstehen, dass die Entwicklung eines Kindes auf Unabhängigkeit abzielt. Deshalb sollten wir keine Angst davor haben, den Wünschen des Kindes nachzugeben, ob es nun danach verlangt, bei uns zu schlafen, nicht allein in seinem Zimmer sein zu wollen, oder nicht möchte, dass es allein zu Hause bleibt, während wir Pizza essen gehen. Der Wunsch, die Nähe der Eltern zu spüren, ist Ausdruck seiner Entwicklungsstufe und des tiefen Bedürfnisses nach Sicherheit, Geborgenheit und verlässlichem Schutz. Kinder möchten diese Nähe tanken, bis ihr Tank gefüllt ist, und dann werden sie von ganz allein immer weiter nach Unabhängigkeit streben. Indem wir diese Bedürfnisse erfüllen, entgegen unseren Ängsten, dass wir die Unselbstständigkeit dadurch fördern würden, wird das Kind im Laufe der Jahre von selbst immer weniger Nähe suchen und sich mit gesundem Urvertrauen zunehmend selbstständig entwickeln. Jede Zwangstrennung von Seiten der Eltern stört diese natürliche Entwicklung und kann der kindlichen Seele Verletzungen zufügen, auch wenn die Eltern es mit den besten Absichten tun, und ohne zu begreifen, dass ihr Verhalten das Gegenteil bewirkt.

Es geht darum, die Präsenz in gesundem Maße zu regulieren, zu wissen, wann Nähe gefragt ist und wann dem Kind weniger Präsenz guttut, um es letztendlich auf seinem Weg zur vollständigen Unabhängigkeit zu begleiten.

Ein Übermaß an Nähe kann ebenso hinderlich sein, wenn man sich an das Kind klammert und sich in seinem Wunsch verliert, dass es niemals erwachsen werden möge, um die eigenen Bedürfnisse nach einem Kind zu stillen. Ebenso führt eine übertriebene Abwesenheit dazu, dass man das Kind zu sehr sich selbst überlässt. Der dritte entscheidende Aspekt besteht darin, dem Kind nicht die Möglichkeit zu nehmen, Urvertrauen aufzubauen, indem man es im Grunde genommen von sich stößt. Das kann geschehen, wenn man es schon sehr früh zur Betreuung abgibt, es zwingt, allein in seinem Zimmer zu schlafen oder es allein zu Hause lässt. Auch das Nichtreagieren auf das Schreien eines Babys, um ihm zu zeigen, dass es nicht nach Belieben die Eltern dirigieren kann, kann verheerende Auswirkungen haben.

Es liegt in der gesunden Balance von Nähe und Distanz, um eine gesunde Entwicklung zu ermöglichen.

Da wir nun wissen, dass es ein grundlegendes Programm im Kind gibt, das langfristig auf Unabhängigkeit ausgerichtet ist, ist es nicht förderlich, diese Entwicklung durch aufgezwungenen Abstand zu beschleunigen. Dem Bedürfnis eines Kindes nach Nähe und Präsenz nachzukommen, ist es, was die gesunde Entwicklung auf dem Weg zur Unabhängigkeit am gesündesten fördert. Wir brauchen uns also keine Sorgen zu machen, dass die Erfüllung des Wunsches nach

Nähe unsere Kinder davon abhält, selbständig
zu werden. Es verhält sich tatsächlich anders-
herum.

Gleichgewicht der Präsenz

Präsenz – ein entscheidender Aspekt. Es gilt,
bedingungslos präsent für das Kind zu sein. Je
jünger es ist, desto dringlicher ist das Bedürfnis
bei Kindern, dass sie sich darauf absolut verlassen können, dass die Eltern da sind, wenn es sie
braucht.

In den Naturvölkern, welche die gesunden
und unverfälschten Verhaltensweisen des
Menschseins eher noch bewahren konnten, lässt
sich dies manchmal gut beobachten. Die Mütter
tragen ihre Kinder immer bei sich, selbst bei der
Arbeit. Das Kind wird behutsam auf den Rücken
geschnallt und erfährt die umfassende Präsenz
seiner Mutter. Es gibt keine Gründe, das Kind
allein zu lassen. Leider ist dies in unserer heuti-
gen Gesellschaft nicht immer möglich. Oft müssen beide Elternteile arbeiten, und das Kind
kann nicht immer anwesend sein. Es zeigt uns
aber, was für das kleine menschliche Wesen eigentlich vorgesehen und gesund ist, nämlich die
Möglichkeit zu haben, seinen Tank an Urvertrauen zu füllen, durch das Gefühl der Nähe, Geborgenheit und Sicherheit, die ihm die Eltern
vermitteln können. Diesen Hunger gilt es so

lange zu stillen, bis das Kind selbst entscheidet, dass es sich sicher fühlen kann, und dieser Schritt wird unweigerlich kommen. Aber eben nicht durch aufgezwungenen Abstand, sondern dadurch, dass man den Hunger nach Präsenz stillt, solange es das Kind dies signalisiert.

Daher stellt sich die Frage: Wie kann ich meinem Kind die Präsenz bieten, die es für die essenzielle Entwicklung seines Urvertrauens benötigt? Dies ist eine besondere Herausforderung in unserer aktuellen Gesellschaftsstruktur, die den Eltern oft abverlangt, dass beide zur Arbeit gehen müssen, um genügend Geld für den Unterhalt der Familie zu erwirtschaften oder weil sie beide ihre Karriere weiterführen wollen.

Für viele mag das zunächst neu und herausfordernd erscheinen, da sie nie gedacht hätten, dass es sich auf diese Weise verhält. Es mag im ersten Schritt auch nach mehr Aufwand klingen. Deshalb möchte ich diesen Abschnitt über Präsenz mit einer ermutigenden Botschaft ergänzen, die die Umsetzung leichter erscheinen lässt.

Im umgekehrten Fall gestaltet sich die Sache nämlich deutlich weniger aufwendig. Beginnend damit, dass Präsenz nicht mit Überfürsorge oder Verhätschelung gleichzusetzen ist. Es geht nicht darum, wie eine Glucke zu sein und die Präsenz auf ungesunde Weise zu übertreiben, denn das ist genauso kontraproduktiv für die Entwicklung des Kindes. Es geht darum, uneingeschränkte Präsenz anzubieten, wenn das Kind das Bedürfnis danach hat, nicht mehr. Je jünger ein Kind ist, desto mehr Präsenz fordert es ein. Je älter es wird, desto selbständiger möchte es sein und desto weniger Präsenz ist notwendig. Durch unsere Präsenz unterstützen wir genau diese Entwicklung, in der Eltern über die Zeit wieder Raum gewinnen, da das Kind von sich aus nach Selbstständigkeit strebt. Wir erreichen allerdings das Gegenteil, wenn wir den Abstand erzwingen, aus Angst, dass das Kind völlig unselbstständig bleiben könnte. Dabei setzen wir es zu einem unpassenden Zeitpunkt unter Druck, ohne dass es wirklich ohne uns auskommen müsste.

Es ist also gerade die kompromisslose Präsenz auf das Verlangen der Kinder hin, die dasselbe Verlangen auf gesunde Weise immer kleiner werden lässt. Das mag für manche paradox klingen, aber genau deshalb ist es von so großer Bedeutung, dies hier zu erwähnen. Nicht das vermeintliche Training auf Selbständigkeit, indem man die Kinder dazu zwingt, so früh wie möglich auf sich gestellt zu sein, ist es, was Selbständigkeit fördert. Nein, es ist die kompromisslose Bereitschaft, der Kinderseele wiederholt Präsenz zu zeigen, wenn sie danach ruft.

Der Ruf des Kindes

In den Winkeln meiner eigenen Kindheit habe ich auf schmerzliche Weise erfahren, dass mein Verlangen nach der Präsenz und Zuneigung meiner Eltern oft unbeantwortet blieb. In manchen Extremfällen wurde diesem Wunsch sogar mit einer unerwarteten Gewalt begegnet.

Kinder bewohnen ihre eigene Welt, eine Sphäre, in der die Vorstellungskraft grenzenlos ist und die Fantasie eine einzigartige Realität erschafft. So erinnere ich mich lebhaft an einen Abend in meiner Kindheit, als ich allein in meinem Zimmer lag und die Decke scheinbar schwerer und immer schwerer wurde, fast so, als ob sie mich im Bett gefangen halten wollte.

Es war keine besonders beängstigende Erfahrung, eher ein Spiel der Gedanken, eine Wirklichkeit, die von meiner kindlichen Fantasie inszeniert wurde. Doch in jener Stille des Abends, was sollte ich tun? Es war spät, der Schlaf sollte mich umarmen und ich zögerte, den Ruf nach meiner Mutter und ihrer Hilfe laut auszusprechen. Die ängstliche Ahnung überkam mich, dass mein Wunsch nach ihrer Nähe zu dieser späten Stunde wohl unangebracht sein könnte. Dennoch überwand ich meine Scheu und formte einen leisen Ruf, ohne eine Antwort zu erhalten. Das Schlafzimmer meiner Mutter und meines

Stiefvaters lag nur eine Tür entfernt, und meine Ohren lauschten gebannt, ob irgendein Zeichen ihrer Aufmerksamkeit meinen Ruf beantworten würde. Doch die Dunkelheit blieb still, und in einer Wiederholung, die so typisch für Kinder ist, rief ich erneut, begleitet von hoffnungsvollem Lauschen.

Nachdem eine gefühlt lange und dunkle Zeit des Rufens und Lauschens vergangen war, kam der Moment, jener unerwartete Knall, der die Stille zerriss. Die Tür meines Zimmers wurde mit brachialer Kraft aufgestoßen, krachte an die Wand und ein gewaltiger Schatten erhob sich vor mir. Mein Stiefvater stand dort, in der Öffnung wie ein Unwetter, und sein donnernder Schrei durchdrang die Dunkelheit, begleitet von der Frage, was um Himmels willen mit mir los sei?

Dieser Vorfall entriss mich mit brutaler Härte aus meiner Welt der Fantasie und stürzte mich rücksichtslos zurück in die nüchterne Realität. Ich versuchte zu erklären, wie ich es in meiner gedanklichen Sphäre wahrgenommen hatte: Die Decke, die so schwer auf mir lastete, dass meine Glieder sich nicht mehr rühren konnten. Doch da stand dieser Mann vor mir, brüllend wie ein tobendes Unwetter, und meine Mutter, von Ängstlichkeit umgeben, verharrte hinter ihm im Türrahmen, unfähig, den Sturm zu besänftigen.

In jenem Augenblick übermannte mich eine tiefe Scham ob meiner kindlichen Erklärung. Sie schien mir plötzlich lächerlich, absurd in dieser Situation. Und doch blieb mir keine andere Wahl. Die Ereignisse hatten eine rasante Wendung genommen, und in dieser wogenden See aus Lärm und Verwirrung blieb mir nur der Ausdruck dessen, was ich empfunden hatte. Also wagte ich es zaghaft zu erklären, dass die Decke auf mir lastete wie ein schweres Gewicht, das mich lähmte.

Die Antwort darauf war eine zweite Welle der Gewalt, die über mich hereinbrach. Mein Stiefvater stürzte auf mich zu, entriss mir die Decke und schleuderte sie wild hin und her, begleitet von lautem Geschrei, und schleuderte sie mit voller Wucht auf mich zurück. Seine Worte spiegelten seine Verachtung für meine Einbildung wider. Was soll ein Kind in solchen Momenten tun? Welche Handlung, welche Worte können in solch einer Konfrontation angemessen sein? Ich blieb regungslos, während meine Mutter und ihr Partner den Raum verließen und er die Tür hinter sich zuknallte. Allein gelassen mit meiner Angst versuchte ich, mich in den Schlaf zu flüchten.

Aus dieser und vieler ähnlicher Situationen, bestanden meine Erfahrungen zum Thema „Ruf des Kindes".

Lasst uns nun ein Beispiel aus dem Alltag betrachten, welches ich oft beobachten konnte. Ein Kleinkind schreit und ruft, doch die Eltern reagieren nicht. Wenn ich einmal die Möglichkeit hatte, fragte ich vorsichtig nach dem Grund für die Entscheidung der Eltern, nicht zu reagieren. So hat mich das Bild der Situation selbst nicht überrascht, denn es ist ja nicht selten zu beobachten. Interessant dabei ist aber die am häufigsten verwendete Begründung: „Das Kind soll lernen, dass wir Eltern nicht nach seiner Pfeife tanzen. Das würde dazu führen, dass das Kind uns eines Tages auf der Nase herumtanzt."

Doch dieses Verhalten der Eltern ist nicht nur kontraproduktiv für die Entwicklung des Kindes, sondern beruht auch auf einer völlig falschen Annahme – nämlich der Vorstellung, dass ein Kind die Eltern dominieren will, indem es uns sein Bedürfnis nach ihrer Nähe mitteilt. Diese Fehlannahme wird in einem bemerkenswerten Experiment entlarvt, nach dem „Fremde-Situationstest von Mary Ainsworth", das in seiner Abhandlung beschreibt, was physisch in den Kindern vorgeht, wenn sich die Eltern nach dieser Überzeugung verhalten.

Das Experiment teilte die Kinder in zwei Gruppen zusammen mit ihren Müttern ein. Von den Kindern der ersten Gruppe war bekannt, dass sie eine temporäre Trennung von ihren Müttern

ruhig akzeptierten und sich in ihrer Abwesenheit
selbst beschäftigen würden. Die Kinder der zweiten Gruppe hingegen neigten dazu, ihre Ablehnung gegenüber der temporären Trennung vehe-
ment zum Ausdruck zu bringen.

Vor der eigentlichen Übung wurde bei allen
Kindern der Hormonstresspegel im Speichel gemessen, während ihre Mütter noch bei ihnen
waren. Danach verließen die Mütter den Raum,
um die Reaktion der Kinder abzuwarten, worauf-
hin erneut der Hormonstresspegel gemessen
wurde.

Wie zu erwarten war, zeigten die Kinder der
ersten Gruppe eine ruhigere Reaktion, während
die Kinder der zweiten Gruppe nach ihren Müttern riefen.

Du kannst dir sicherlich bereits vorstellen, wie
das Experiment ausgegangen ist. Dennoch finde
ich das Ergebnis bemerkenswert, da unsere In-
tuition wahrscheinlich das Gegenteil vermutet
hätte. Die Ergebnisse der Messungen enthüllten,
dass der Hormonstresspegel im Speichel der
scheinbar ruhigeren Kinder tatsächlich höher
war als der jener Kinder, die laut nach ihren
Müttern riefen.

Dieses Experiment brachte nicht nur ein be-
deutendes Resultat hervor, sondern eröffnete

auch eine wichtige Erkenntnis. Die äußerlich ruhigeren Kinder hatten bedauerlicherweise bereits akzeptiert, dass sie sich nicht auf die Anwesenheit ihrer Mütter verlassen können, wenn sie danach verlangten. Obwohl sie ursprünglich ebenfalls nach ihren Müttern gerufen hatten, wenn sie das Bedürfnis danach spürten, hatten sie im Laufe der Zeit erlebt, dass ihre Rufe oft unbeantwortet blieben oder nur sporadisch gehört wurden. Die vermeintliche Ruhe, die sie ausstrahlten und die irreführend den Eindruck erweckte, es ginge ihnen gut, war in Wahrheit eine frühe Form der Resignation. Dies verdeutlichte die Entstehung von Unsicherheit und die ersten Risse in der entscheidenden Entwicklung des Urvertrauens und Bindungsverhalten.

Es ist daher von großer Bedeutung, den Eltern die Furcht zu nehmen, dass das unmittelbare Eingehen auf den Ruf des Kindes zu einer Art von Kommandoherrschaft seitens des Kindes führen würde. Das ist keineswegs der Fall!

Am leichtesten können wir dies begreifen, wenn wir uns in die Lage der Kinder versetzen. Das Kind hat noch keine klare Vorstellung von sich selbst, seiner Existenz und den komplexen Zusammenhängen um es herum. Es lebt in einer Welt der Unsicherheit, wo die Eltern die einzige verlässliche Konstante darstellen und es in völliger Abhängigkeit von ihnen agiert. Alles hängt von den Eltern ab, was in der Tat die Norm ist, da es sich um Kinder handelt und die Eltern die alleinige Grundlage für das Überleben des Kindes darstellen.

Je jünger das Kind ist, desto häufiger tritt das Bedürfnis nach der Präsenz seiner Eltern in dieser, seiner fragilen Welt auf. Der Ruf des Kindes drückt somit viel eher einen absolut normalen und gesunden Entwicklungsprozess aus. Es strebt in seiner Abhängigkeit danach, verlässlich zu erfahren, dass die Eltern immer für es da sind, wenn es sie braucht.

Nun nähern wir uns dem überaus bedeutenden Aspekt. Es geht darum, dass das Vertrauen in das eigene Sein, das Urvertrauen, in Kindern stetig wächst, wenn sie wiederholt und verlässlich erleben, dass ihre Eltern auf liebevolle Weise ihrem Wunsch nach Nähe und Präsenz nachkommen. So füllt sich das Fass des Urvertrauens in den Kindern kontinuierlich. Mit jeder wiederholten Erfahrung wird es immer mehr angefüllt. Diese wachsende Fülle des Urvertrauens in Verbindung mit dem gleichzeitigen Drang nach Unabhängigkeit ist es, was dazu führt, dass Kinder im Laufe der Zeit immer weniger nach den Eltern rufen.

Es ist jedoch tückisch, denn beide Verhaltensweisen der Eltern, ob sie nun aufgezwungene

Abwesenheit oder die Erfüllung des Präsenzwunsches umfassen, erreichen das gleiche Ziel: eine geringere Forderung seitens des Kindes. Doch im ersten Fall geschieht dies auf ungesunde Art. Das Kind wird einem erhöhten Stressniveau ausgesetzt, es wird zur Resignation gezwungen und das Fundament des Urvertrauens wird geschwächt. Im Gegensatz dazu erreicht man im zweiten Fall das gleiche Ziel, fördert aber zugleich die gesunde Entwicklung und Ausprägung des lebenswichtigen Urvertrauens.

Die Beweggründe für das Verhalten der Eltern im ersten Fall fußen auf der fehlerhaften Annahme, dass sie das Kind dazu erziehen müssten, nicht über die Eltern zu bestimmen. Hierbei schwingt auch die Sorge mit, dass zu viel Präsenz dazu führen würde, dass das Kind niemals in der Lage sei, eigenständig zu agieren. Doch dies ist eine grundlegend falsche Schlussfolgerung. Eltern sollten verstehen, dass Kinder von Natur aus auf die Entwicklung ihrer Eigenständigkeit ausgerichtet sind. Dies ist in ihnen verankert und erfordert keine aktive Einmischung oder Zutun seitens der Eltern. Ein biologisches Programm, tief verwurzelt im Kind, sorgt verlässlich von selbst dafür. Die Angst, dass das Kind nicht selbstständig werden würde, wenn man nicht einschreitet, ist nicht nur überflüssig, sondern kann sogar eine gesunde Entwicklung beeinträchtigen.

Für eine gesunde Entfaltung des Kindes ist es also von essenzieller Bedeutung, den Ruf des Kindes durch angemessene Präsenz zu beantworten. Dies mag überraschend klingen. Je verlässlicher dies aber geschieht, desto seltener werden die Rufe und gleichzeitig wird das Kind innerlich gestärkt, indem es ein gesundes Urvertrauen ins Leben aufbaut.

Leben für die Bestätigung

Für eine gesunde Entwicklung unserer Kinder ist das Verständnis, über die ihnen innewohnende Kraft nach dem Streben um Bestätigung, eine weitere wichtige Grundlage. Der ganze Fokus eines Kindes ist wie ein zartes Gewächs, das sich sehnsüchtig nach der Aufmerksamkeit der Eltern ausstreckt. In ihrem Blick liegt die Erfüllung und ihr Wohlgefallen ist das große Ziel. Dieser Drang hat seine Wurzeln in den evolutionären Schichten ihrer Existenz. Das Nachahmen der Eltern, das Kopieren ihrer Handlungen und Verhaltensweisen, birgt die größte Wahrscheinlichkeit des Überlebens. Denn die Eltern, groß und lebendig, sind der Beweis dafür, dass es sich lohnt, ihrem Beispiel zu folgen.

Doch in dieser Abhängigkeit liegt auch eine Gefahr, ein verstecktes Risiko. Wenn das Kind versucht zu gefallen und dabei seine eigene Essenz vernachlässigt, weil die Eltern etwas verlangen, das an der Persönlichkeit und den Wünschen des Kindes vorbeigeht, kann dies zu inneren Konflikten führen.

Die Lösung liegt verborgen im Thema der „Begleitung". Dieser Begriff birgt in sich eine Fülle von Möglichkeiten und den Schlüssel zu unzähligen Lösungen. Wenn wir das Kind als ein eigenständiges Wesen betrachten, das nach Entfaltung und Wachstum strebt, dann werden wir es in all seinen Bestrebungen unterstützen und auf seinem Weg begleiten. Wir werden ihm zur Seite stehen, wenn es seine Flügel ausbreitet und den Himmel erobert.

Das Gegenteil von wahrer Begleitung ist es, das Kind nach unseren eigenen Wünschen und Vorstellungen zu formen. Wenn wir es zwingen, unseren Vorgaben zu folgen, obwohl sie nicht mit seinem wahren Wesen übereinstimmen, wird es sich biegen und verrenken müssen, um diese Erwartungen zu erfüllen. Doch in diesem Akt der Selbstverleugnung entstehen innere Konflikte, die sich auf das Verhalten auswirken und im späteren Erwachsenenleben zu Problemen führen können. Das Kind quält sich in dem Versuch, eine Verhaltensweise anzunehmen, die nicht seinem wahren Wesen entspricht, nur um Bestätigung zu erlangen. Es bezahlt den Preis, indem es die natürliche Erfüllung für sein eigenes Sein nicht empfangen kann. Es ist, als ob die Blume ihre eigene Blüte verleugnet, um sich den Wünschen anderer anzupassen. Doch in diesem Opfer wird ein Stück der wahren Essenz des Kindes unterdrückt und das Gefühl der authentischen Selbstliebe kann nur schwer erblühen.

Die wahre Begleitung hingegen lässt das Kind seinen eigenen Weg finden, unterstützt es in seinen Bestrebungen, korrigiert liebevoll hier und da und erlaubt ihm, authentisch zu sein. Sie schenkt ihm den Raum, sein wahres Potential zu entfalten. In diesem liebevollen Begleiten liegt der Schlüssel zu einer gesunden Entwicklung. Dazu gehört ein gewisser Grad an Loslassen und innerem Abstand, um nicht enttäuscht zu sein, wenn es sich in eine Richtung entwickeln möchte, die nicht komplett mit den eigenen Wünschen übereinstimmt.

Wenn wir das wahrnehmen, haben wir die Entscheidung. Formen wir das Kind nach unseren Wünschen, wird es diesen mit innerlichen Konflikten als Basis nachkommen. Begleiten wir das Kind auf seinem eigenen Weg, wird es seine Ziele mit einem starken emotionalen Fundament erreichen und es wird deutlich besser für die Untiefen des Lebens gewappnet sein.

Kinder und ihre ganz eigene Welt

Eine weitere wichtige Grundlage für das Verständnis unserer Kinder ist das Zwei-Welten-Thema. Gute Schauspieler enthüllen mitunter, dass sie nach einem Film viele Tage, Wochen oder sogar Monate benötigen, um aus ihrer Rolle herauszufinden. Sie leben den Charakter, den sie verkörpern, mit solch einer Intensität, dass sie Zeit brauchen, um wieder zu sich selbst zurückzufinden. Diese Intensität der Fantasie zu Realität-Transformation kann man annähernd mit der Art und Weise vergleichen, wie ein Kind das Leben wahrnimmt.

Kinder leben im Hier und Jetzt, sie tauchen mit voller Hingabe in den Moment ein und lassen ihn von all ihren Sinnen erfassen. Wer kennt es nicht, wenn man als Erwachsener an einen Ort aus der Kindheit zurückkehrt und allein der Duft der Umgebung unglaubliche und intensive Kindheitserinnerungen hervorruft? Das liegt daran, dass wir ihn als Kind so umfänglich und intensiv wahrgenommen haben, eben auch mit dem Geruchssinn.

Kinder leben den Augenblick mit all ihren Sinnen. Sie nehmen Düfte wahr, lauschen den Geräuschen, spüren die Atmosphäre, erfassen die Stimmung und empfinden jede Begegnung als unglaublich faszinierend und neu.

Für uns Erwachsene ist zum Beispiel Wasser aus dem Wasserhahn oft nichts Besonderes mehr, etwas Alltägliches. Doch für ein Kind kann es stundenlang eine aufregende Erfahrung bedeuten, bei der die Erwachsenen nur noch an die Wasserrechnung denken können.

Es ist von großer Bedeutung zu verstehen, wie tief Kinder in ihre Erfahrungen eintauchen. Es ist etwas, das uns Erwachsenen oft vollkommen fremd ist.

Für eine gesunde Entwicklung des Kindes ist es also von entscheidender Bedeutung, dass wir seine Welt verstehen und respektieren. Sie ist oft weit entfernt von der rationalen Welt, in der wir Erwachsenen leben. Wenn wir uns in einer einfachen Alltagssituation wie dem Abendessen an das Kind wenden, sprechen wir ein Wesen in einer anderen Welt an, das dabei ist, unsere Welt zu verstehen und sich in ihr zurechtzufinden.

Es ist oft wie ein Gespräch mit einem zerstreuten Professor oder einem Träumer. Indem wir dies aber erkennen, können wir bei uns selbst Frustrationen auflösen. Wir verstehen viel besser, wenn Kinder nicht wie Soldaten auf unsere Forderungen reagieren. Und wenn wir ehrlich sind, dann empfinden wir in uns sogar manchmal den Wunsch, sie nicht zu sehr aus ihrer eigenen Welt herauszureißen, denn ehrlich gesagt sehnen wir uns doch oft selbst nach dieser Art der Wahrnehmung. Die Welt so zu erleben, wie es Kinder können, intensiv und zauberhaft. Zu verstehen, dass sie in einer anderen Welt leben, lässt uns viel wohlwollender mit ihnen interagieren. Wir sind nachsichtiger und bereit, Dinge, die wir uns von ihnen wünschen, in ruhigen Worten zu wiederholen, da wir uns bewusst sind, wie schnell unsere Anforderungen in ihrer intensiven Welt verblassen können.

Positive Verstärkung

Die positive Verstärkung, ein Instrument von außergewöhnlicher Kraft und wichtige Grundlage im Verständnis darüber, wie wir die Entwicklung am effektivsten fördern. Die positive Verstärkung birgt das Potenzial, Beziehungen zu jeglichen Lebewesen zu stärken. Sie vereint die höchste Form emotionaler Motivation mit aufrichtiger Wertschätzung. Gerade diese emotionale Motivation ermöglicht uns das Lernen auf spielerische und effektive Weise. Erkenntnisse aus der Gehirnforschung bestätigen, dass es genau diese emotionale Komponente braucht, um unser gesamtes Lernpotenzial zu entfaltcn.

Ein berührendes Beispiel dafür ist die Geschichte eines älteren Mannes, dem man aufgrund seines Alters zutrauen würde, dass es ihm schwerer fällt, neue Dinge zu erlernen. Doch inmitten seines fortgeschrittenen Lebensalters verliebt er sich in eine Chinesin und spürt einen starken, emotionalen Wunsch, die chinesische Sprache zu erlernen, um mit seiner geliebten Person kommunizieren zu können. Entgegen allen Erwartungen schafft es dieser Mensch tatsächlich, innerhalb kürzester Zeit die chinesische Sprache zu beherrschen. Aus Sicht der Gehirnforschung ist es genau diese positive Emotionalität, die es unserem Gehirn ermöglicht, rasch die erforderlichen neuronalen Verbindungen herzustellen.

Mit diesem Hintergrundwissen aus der Gehirnforschung wird es uns leichter fallen, zu verstehen, wie einfach die Erziehung mit positiver Resonanz sein kann. Warum wir das oft nicht tun, mag möglicherweise an unserer eigenen Trägheit liegen. Es ist jedoch auffällig, wie leicht es uns zu fallen scheint, keinerlei Resonanz zu geben, wenn jemand ein positives Verhalten an den Tag legt, während wir mit Leichtigkeit und fast schon reflexartig negativ resonieren, sobald wir glauben, dass jemand etwas falsch macht. Wer kennt nicht den Satz des Chefs: „Wenn ich nichts sage, ist alles in Ordnung." Ein beklagenswertes Beispiel für Menschenführung und ebenso für die Erziehung von Kindern.

Mit den Erkenntnissen aus dem Abschnitt „Leben für Bestätigung" und dem

Zusammenhang von positiver Emotion und Lernen können wir erkennen, wie viel leichter, harmonischer und vor allem effizienter die Erziehung eines Kindes sein kann, wenn wir die Macht der positiven Verstärkung nutzen.

Es bedarf lediglich einer Neuausrichtung unserer Denkweise. Anstatt zu wenig auf das Kind zu resonieren, wenn sein Verhalten auf unsere Zustimmung stößt, aber vor allem reflexartig darauf zu resonieren, wenn es vermeintlich etwas falsch gemacht hat, müssen wir das Thema umkehren und werden erstaunliche Fortschritte in der Entwicklung des Kindes erleben. Probieren Sie es nach der 5:1-Regel aus - fünfmal bestätigen im Verhältnis zu einmal kritisieren. Zugegebenermaßen ist dies anfangs nicht einfach, da es gegen unsere Gewohnheiten geht. Doch wenn es gelingt, ist es ein erhebendes Erlebnis für den Erwachsenen und besonders für das Kind.

Durch positive Verstärkung entwickeln Kinder ein gesundes Selbstkonzept, indem sie Lob und Anerkennung für ihr positives Verhalten erhalten. Diese Wertschätzung und Anerkennung stärken ihren Selbstwert und verleihen ihnen Vertrauen in ihre eigenen Fähigkeiten. Dies führt wiederum zu einem gesteigerten Selbstvertrauen, welches ihnen Sicherheit in allem, was sie tun, verleiht. Eine erhöhte Selbstsicherheit wirkt sich positiv auf die Unfallgefahr aus, da ängstliches Einschränken nach dem Motto „Tu dies nicht, mach das nicht, weil du dich verletzen könntest" einen entgegengesetzten Effekt hat.

Durch Belohnungen und Bestätigung für ihr positives Verhalten lernen sie, dass sie in der Lage sind, gute Entscheidungen zu treffen und positive Handlungen auszuführen. Dieses gestärkte Selbstvertrauen begleitet sie auf ihrem Weg zu einem selbstbestimmten und eigenverantwortlichen Leben.

Ein wichtiger Aspekt der positiven Verstärkung ist, dass es zudem die intrinsische Motivation fördert. Kinder lernen, dass ihr Verhalten nicht nur aufgrund äußerer Belohnungen erfolgt, sondern aus eigenem Antrieb heraus. Sie entwickeln eine intrinsische Motivation, die sie langfristig antreibt und ihr persönliches Wachstum sowie ihre Leistungsfähigkeit unterstützt.

Durch positive Verstärkung wird zudem die Bindung zwischen Eltern und Kindern gestärkt. Lob und Bestätigung für positives Verhalten schaffen eine liebevolle und unterstützende Beziehung, in der sich die Kinder geliebt und angenommen fühlen. Diese starke Bindung schafft Vertrauen und Sicherheit, was für das gesunde Aufwachsen der Kinder von großer Bedeutung ist.

Positive Verstärkung schafft somit ein harmonisches Familienklima. Indem positive Verhaltensweisen gefördert und negative vermieden werden, entsteht eine angenehme und unterstützende Umgebung für alle Familienmitglieder. Es fördert das Wohlbefinden und die positive Atmosphäre im familiären Zusammenleben.

Die positive Verstärkung eröffnet somit eine wertvolle und effektive Möglichkeit, die Erziehung von Kindern auf liebevolle und förderliche Weise zu gestalten. Indem Lob, Anerkennung und Belohnungen eingesetzt werden, werden die Kinder auf ihrem Weg zu selbstbewussten, kompetenten und einfühlsamen Individuen begleitet.

Das Thema Zeit

In den Wirren des Alltags, in denen die Zeit knapp wird und das Kind sich in seinen Handlungen Zeit lässt, sind die vertrauten Sätze nicht fern: „Trödel nicht rum", „Ich habe dir doch gesagt, dass wir keine Zeit mehr haben", „Komm, wir müssen uns beeilen", „Was dauert das denn so lange?", „Wir kommen noch zu spät!".

In solchen Augenblicken liegt es an uns, zu erkennen, dass allein wir die Verantwortung für das Zeitmanagement tragen und nicht das Kind. Denn das Kind benötigt seine ganz eigene Zeit für all die Dinge, die es tut. Es liegt in unserer

Hand, ihren Bedarf angemessen in unseren Zeitplan einzubeziehen. Das Kind ist nicht „falsch", wenn es länger braucht, sondern wir haben versäumt, ausreichende Zeitpuffer einzuplanen.

Doch das Erschaffen solcher Zeitpuffer bereitet uns Schwierigkeiten, denn unsere Welt ist hektisch und schnell geworden und einer der Mängel, die wir besonders stark empfinden, ist der ununterbrochene Mangel an Zeit.

In der Interaktion mit einem Kind offenbart sich uns dieser Umstand in aller Klarheit. Denn es sind die Kinder, denen das Zeitgefühl noch fehlt. Sie tauchen vollkommen in das Hier und Jetzt ein, hingebungsvoll und leidenschaftlich. In jeder einzelnen Situation sind sie präsent, ganz so wie wir Erwachsenen es vielleicht bei einem mitreißenden Film erleben. In solchen Momenten gibt es für uns keine äußere Welt, keinen Raum, keine Vergangenheit und keine Zukunft. Es gibt nur diesen einen Augenblick, in dem der Held über den Abgrund springt und wir gebannt verharren, um zu erfahren, ob er es schafft, die Herausforderung zu meistern. So ähnlich können wir es uns vorstellen, wie es den meisten Kindern in den vielfältigen Alltagssituationen ergeht, die sie erleben. Sie sind mit Leib und Seele dabei, und das ist einer der Gründe, weshalb sie häufig mehr Zeit benötigen.

An dieser Stelle beobachte ich häufig, wie Kinder unter Druck gesetzt werden. Mach schneller oder noch schlimmer, trödle nicht so rum, und im schlimmsten Fall, komm, ich mach das schnell für Dich.

Wenn wir die Erkenntnis in uns reifen lassen, dass nicht das Kind, sondern wir die Verantwortung für das gesamte Umfeld inkl. Zeitmanagement tragen, offenbart sich eine erschreckende Wahrheit. Denn in dem Moment, da wir dem Kind mitteilen, es sei zu langsam, und im schlimmsten Fall sogar seine Aufgaben für es erledigen, verlagern wir die Schuld auf das Kind und vermitteln ihm zusätzlich, dass es in gewisser Hinsicht unzulänglich sei. Wir übersehen dabei, dass wir diejenigen sind, die in diesem Zusammenspiel die Unzulänglichkeit tragen. Unsere Worte und unser Handeln prägen den Raum, den wir gemeinsam mit dem Kind teilen. Es liegt an uns, das Kind zu unterstützen, anstatt es zu verurteilen und ihm die Möglichkeit zu nehmen, seine Fähigkeiten in seinem Takt zu entfalten.

Eine starke Persönlichkeit

In diesem Kapitel möchte ich dir nun die letzte, aus meiner Sicht wichtige Grundlage, für eine gesunde Entwicklung unserer Kinder und eine gute Beziehung zu ihnen, mitgeben. In einer

Welt, die immer komplizierter wird und sich rasch entwickelt, fragen wir uns oft, wie wir uns am besten zurechtfinden können. Was sind die grundlegenden Dinge, die wir bereits in unserer Kindheit lernen sollten, um die ständig wechselnden Herausforderungen im Leben zu bewältigen? Und welche besondere Fähigkeit benötigen wir dringend, um unser Leben und unsere Existenz im Erwachsenenalter als glücklich zu empfinden, egal welche Aufgaben uns bevorstehen?

Eine der wichtigsten Fähigkeiten, die wir in der Kindheit entwickeln können, ist die Fähigkeit zur Anpassung. Das bedeutet, flexibel zu sein und Veränderungen nicht als Bedrohung, sondern als Möglichkeit zur Weiterentwicklung zu sehen. Genau wie Bäume sich im Wind biegen, anstatt zu brechen, können wir lernen, uns neuen Situationen anzupassen und aus ihnen zu lernen.

Eine weitere wertvolle Fähigkeit ist die Resilienz, also die innere Stärke, schwierige Zeiten und Krisen zu überstehen. Ähnlich wie ein Tennisball, der nach unten gedrückt wird, aber wieder nach oben springt, können wir lernen, uns von Rückschlägen nicht entmutigen zu lassen, sondern gestärkt daraus hervorzugehen.

Die Fähigkeit zur Empathie ist ebenfalls eine wichtige Fähigkeit. Empathie bedeutet, sich in andere Menschen hineinversetzen zu können, um ihre Gefühle und Sichtweisen zu verstehen. Dadurch können wir bessere Beziehungen aufbauen, Konflikte lösen und in einer harmonischen Gemeinschaft leben.

Und nicht zuletzt ist die Neugier eine wertvolle Fähigkeit. Neugierig zu sein bedeutet, Fragen zu stellen, Dinge zu hinterfragen und immer weiter lernen zu wollen. Diese Eigenschaft ermöglicht es uns, die Welt mit offenen Augen zu sehen, stetig zu wachsen und für alles offen zu sein.

All diese Fähigkeiten münden zusammengenommen in einer gesunden und starken Persönlichkeit. Diese starke Persönlichkeit, die wir in der Kindheit entwickeln können, ist die Superkraft, die uns hilft, die Herausforderungen des Lebens zu meistern und Glück in vielen Situationen zu finden.

Immer öfter sehe ich allerdings, dass Eltern ihren Kindern schon frühzeitig möglichst viele Berufs-Fähigkeiten wie Fremdsprachen, Mathematik, Präsentationen, Umgang mit Computern, Tablets und dergleichen beibringen wollen, von denen sie glauben, dass unser System sie verlangt. Sie befürchten, dass ihre Kinder später in schwierigen Situationen nicht zurechtkommen oder das Rennen gegen die Konkurrenz verlieren könnten, sollten sie nicht so früh wie möglich in diesen Dingen geschult werden. Oft geschieht das aus Sorge der Eltern, weil sie selbst manchmal Probleme haben, den Anforderungen gerecht zu werden. Sie möchten ihre Kinder vor möglichen Schwierigkeiten bewahren, indem sie ihnen einen vermeintlichen Vorteil verschaffen, wenn sie ihnen schon vor der Schule Berufs-Fähigkeiten beibringen. Ich selbst habe Kinder gesehen, die noch vor der Schule PowerPoint-Präsentationen auf Deutsch, Französisch und Englisch in perfekter Form gehalten haben. Dinge, die jeder in der Lage ist zu lernen, auch später noch, zu einem angemesseneren Zeitpunkt. Zu früh damit zu beginnen, kann Kindern Zeit ihrer Kindheit nehmen, die wichtig ist, um eine starke Persönlichkeit zu entwickeln.

Stell dir vor, wie du nach deiner Kindheit noch ungefähr 60 Jahre vor dir hast, in denen du vielen Veränderungen und Aufgaben begegnen wirst. Mit einer starken Persönlichkeit als Grundlage besitzt du die Kraft und das Vertrauen in dich und dein Leben selbst, um diese zu meistern. Die Berufsfähigkeiten werden deiner seelischen Stabilität nur bedingt helfen. Aber was helfen dir dann die Berufsfähigkeiten, wenn du Schwierigkeiten bekommst, dich im Leben grundsätzlich zurechtzufinden?

Stelle Dir einmal vor, die Berufs-Fähigkeiten seien eine Axt. So kann ein kräftiger Arm, der für eine starke Persönlichkeit steht, mit einer stumpfen Axt, die für die Berufs-Fähigkeiten steht, mehr Bäume fällen als ein schwacher Arm mit einer scharfen Axt. Die Kraft, die dich auf dein Leben vorbereitet und die dir in jeder Lebenslage Stabilität verleiht, ist es, die du am dringendsten brauchst.

Zudem wird es dir mit Begeisterung immer möglich sein, die Axt später noch zu schärfen, um effizienter zu werden. Wichtig zu verstehen ist aber, dass die Grundlagen für eine starke Persönlichkeit in der Kindheit gelegt werden.

Und besonders, weil sich dies in den späteren Jahren nicht einfach nachholen lässt und weil es eine Kraft ist, die das Kind universell auf jegliche Art von Herausforderung gut vorbereitet, ist es sinnvoll, darauf zu achten, Kindern die notwendige Zeit und den Raum dafür zu geben.

Das erreichen wir, indem wir ihnen eine unterstützende Umgebung bieten und Möglichkeiten, sich auszuprobieren, ohne Druck und ohne Zwang, um spielerisch zu lernen und sich zu entwickeln. Dabei geht es nicht um eine Entscheidung zwischen frühzeitigem Unterricht oder gar keinem. Vielmehr geht es darum, dem Kind die Freiheit zu lassen, die Welt auf eigene

Weise zu entdecken, während wir gleichzeitig anregende Angebote bereithalten. Die Angebote können auch das Erlernen einer Berufs-Fähigkeit wie zum Beispiel einer Fremdsprache beinhalten. Worum es dabei geht, ist einen ausgewogenen Ansatz zu verfolgen, der die kindliche Neugierde und den Spaß am Lernen respektiert, ohne dabei einen ungesunden Leistungsdruck zu erzeugen, und den Kindern die Wahl lässt sich für oder gegen das Angebot zu entscheiden. Damit schaffen wir den optimalen Raum für die gesunde Entwicklung der Persönlichkeit unserer Kinder.

Wenn sich das Kind dazu entscheiden sollte, sich eine Fähigkeit erst später anzueignen, wird es noch genügend Zeit dafür haben. Die Begeisterung für sein Ziel wird es motivieren. Und diese Motivation wird durch seine innere Stabilität genährt, die es durch eine gesunde Entwicklung in seiner Kindheit aufgebaut hat. Zudem ist es die Begeisterung, die eine positive Emotion auslöst. Und wie wir wissen, ist es die positive Emotion, die ein effektives und schnelles Lernen ermöglicht. Sie setzt Stoffe frei, welche den Aufbau der Verbindungen zwischen den Nervenzellen im Gehirn fördert.

Die Bereitstellung eines Angebotes zur Förderung unserer Kinder ist also immer eine gute Entscheidung, solange wir dabei die Wünsche des Kindes respektieren. Überforderung und Zwang sind keine gute Lösung und für alle Berufs-Fähigkeiten bleibt genügend Zeit, wenn es so weit ist. Die Zeit und den Raum zur Entwicklung ihrer ganz eigenen Persönlichkeit, die die Evolution für den Zeitraum der Kinderjahre vorgesehen hat, sollten wir ihnen geben und möglichst nicht kürzen.

Ausklang

Es ist eine Freude zu wissen, dass du dir die Zeit genommen hast, mich auf meiner Reise bis hierhin zu begleiten. Ich bin so dankbar dafür, dass du offen dafür bist, zu verstehen, wie wir unseren Kindern eine wunderbare Kindheit schenken können. Oder du weißt es längst und findest in meinen Zeilen einfach nur Anregungen und Inspiration. Auch darüber freue ich mich sehr.

Mir ist noch wichtig zu erwähnen, dass es nicht darum geht, streng nach Regeln zu handeln und alles exakt so zu tun, wie ich es beschrieben habe. Jeder von uns kann auf seine ganz eigene Art Positives bewirken. Mir liegt es am Herzen, auf meine Weise und durch meine Erlebnisse zu zeigen, dass es eigentlich nicht viel braucht, um zu verstehen, wie wir unseren Kindern eine wunderbare Kindheit ermöglichen können. Es bedeutet mir viel, dir zu zeigen, wie diese „wenigen" Dinge einen erstaunlich positiven Einfluss auf die Kinder, auf dich selbst und eure Beziehung zueinander haben können.

Bis hierhin hast du alles erfahren, was dafür wichtig ist.

Im Abschnitt „Einleitung" habe ich ein wenig von meiner Geschichte und den Herausforderungen, die ich in meiner Kindheit erlebt habe, erzählt.

Danach konntest du im Abschnitt „Mögliche Auswirkungen" erfahren, was solche Erlebnisse bewirken können und dass Kinder diese nicht einfach so hinter sich lassen.

Im dritten Teil haben wir uns die grundlegenden Prinzipien angesehen, die die Entwicklung eines Kindes beeinflussen und die Lebensqualität im Erwachsenenalter entscheidend prägen können.

Mit all diesen Erfahrungen möchte ich dich nun auf eine Reise durch meine Kurzgeschichten mitnehmen. Der nächste Teil führt uns von der Theorie hin zu praktischen Geschichten aus dem echten Leben. Diese Geschichten sind wie Fenster zur Praxis, die zeigen, wie sich die Theorien und Konzepte in der realen Welt anwenden lassen. Sie geben uns die Chance, zu sehen, wie sie in konkreten Situationen helfen können, um unseren Kindern einen optimalen und kindgerechten Start ins Leben zu ermöglichen.

Geschichten die das Leben schreibt

Kapitel 1

Kleine Unfälle

An einem sonnigen Nachmittag war alles perfekt. Ich spielte draußen mit dem Ball, die Vögel zwitscherten fröhlich, die Blumen tanzten im Wind, und die Sonne wärmte mein Gesicht.

Ich rannte auf den Rasen hinaus und warf meinen Ball hoch in die Luft. Dann trat ich fest dagegen, und der Ball flog hoch in den Himmel. Es fühlte sich großartig an, den Ball zu spielen und die frische Luft zu genießen.

Aber dann, bei einem besonders starken Tritt, verlor ich das Gleichgewicht und fiel hin. Ein scharfer Schmerz durchzuckte mein Knie, ich hatte es mir aufgeschlagen und ich spürte, wie es die Tränen in meine Augen trieb.

Meine Eltern, die im Garten saßen, sahen mich und tauschten Blicke aus. Meine Mutter stand auf und kam zu mir rüber, um zu fragen, was passiert ist.

„Es tut weh", schluchzte ich, während mein Knie blutete und die Tränen liefen über meine Wangen. „Ich bin ausgerutscht."

Meine Mutter sah auf mein aufgeschlagenes Knie. Aber statt mich zu trösten, sagte sie: „Ach, das ist doch nur ein kleiner Kratzer. Du brauchst deswegen nicht zu weinen."

Ich fühlte mich unverstanden und abgelehnt. Ich wünschte mir, dass sie mich in den Arm nimmt und sagt, dass alles in Ordnung ist. Aber stattdessen schien sie zu denken, dass ich über-reagierte.

„Es tut trotzdem weh", flüsterte ich, und meine Unterlippe zitterte vor Enttäuschung. Meine Mutter seufzte und sagte: „Indianer füh-len keinen Schmerz. Steh auf und spiel weiter."

Ich fühlte mich, als ob mir jemand das Herz herausgerissen hätte. Ich stand auf, wischte mir die Tränen ab und zwang mir ein Lächeln auf mein Gesicht. Aber die Freude am Ballspielen war verschwunden. Die Worte meiner Mutter hatten mir das Gefühl gegeben, dass ich über-empfindlich war, dass das, was ich fühlte, nicht in Ordnung sei.

Als ich weiterspielte, fühlte ich mich plötzlich leer und allein. Ich sehnte mich nach

Verständnis und Trost, aber stattdessen wurde von mir erwartet, stark zu sein und nicht zu weinen.

Der Nachmittag verging, aber die Freude kehrte nicht zurück. Ich spielte weiter, aber mein Herz war schwer, und ich sehnte mich nach einem liebevollen Wort, das mir zeigte, dass es in Ordnung ist zu fühlen, wenn man Schmerzen hat.

So endete dieser sonnige Tag im Garten für mich. Als ich den Ball zurück ins Haus trug, spürte ich, wie ein Stück meiner Kindheit, das Verständnis und Trost suchte, in den Schatten der Erwachsenenwelt fiel.

Hintergrund

Schauen wir uns einmal jene kleinen Unfälle an, die das Leben von Kindern manchmal begleiten. Ein plötzlicher Schmerz, sei es durch eine unglückliche Begegnung mit einer Tischkante, einem Schreckmoment oder einem Sturz auf die Knie, kann ein Kind jederzeit überkommen.

Hierbei erzielen der Ausdruck von Empathie und die Wiederholung des Offensichtlichen in Worten eine bemerkenswerte Wirkung auf das Kind. Dies bedeutet, sich in das Kind einzufühlen, sich in seine Lage zu versetzen und gleichzeitig die Empfindungen, die einem durch diese Einfühlung bewusstwerden, in Worte zu fassen.

Der erste Schritt liegt also darin, dem Kind nahe zu sein, es in den Arm zu nehmen, es zu streicheln und zu wiegen - eine liebevolle Geste, um Geborgenheit und Sicherheit zu vermitteln. Ergänzend dazu erzeugt die ausgesprochene Empathie eine tiefere Verbindung. Also das Offensichtliche noch einmal in Worten zu wiederholen. Man könnte beispielsweise sagen: „Oh je, das glaube ich dir, dass das weh tut. Du hast dir das Knie aber auch doll gestoßen. Ich bin bei dir, alles wird gut".

Das Aussprechen und Wiederholen des Offensichtlichen mögen einem erst ein wenig merkwürdig erscheinen. Es öffnet allerdings die Tür zu einer erstaunlich raschen Genesung. Darüber hinaus schenkt es dem Kind ein tiefes, seelisches Wohlbefinden, abseits des physischen Schmerzes.

Die Erklärung dafür mag simpel erscheinen, aber sie birgt eine tiefgreifende Bedeutung in sich. Aufgrund unserer menschlichen Natur führt dieses Verhalten beim Kind unmittelbar zu dem Gefühl, verstanden zu werden und dass es akzeptiert und willkommen ist. Kinder können nicht immer klar zwischen ihren Emotionen und ihrer Identität unterscheiden. Für sie sind ihre Empfindungen eng mit ihrer Existenz verknüpft. Durch das beschriebene Vorgehen signalisieren wir ihnen, dass ihre Gefühle akzeptiert und in Ordnung sind. Im Wesentlichen vermitteln wir ihnen die Botschaft: „Es ist in Ordnung, so zu fühlen, wie du es gerade tust. Du bist richtig so wie du bist, du bist gewollt und willkommen."

Wir müssen diesen Vorgang nicht übermäßig ausdehnen. Es reicht, wenn wir es kurz tun. Der Schmerz wird so zu einer Bühne, auf der sich das Kind vor allem danach sehnt, dass es fühlen darf, wie es fühlt und damit sein darf, wie es ist. Das löst die Situation meist sehr schnell auf, denn im Grunde möchte das Kind ohnehin gern weiterspielen. Es wollte sich nur kurz orientieren, dass seine Gefühle in Ordnung sind und dass es sich auf den Rückhalt der Eltern verlassen kann. Darf es das erfahren, ist es meist schneller wieder beim Spielen, als man schauen kann.

Als Erwachsene wissen wir, dass der physische Schmerz mit der Zeit abklingen wird. Dennoch können unsere sachlichen Bemühungen, das Kind von der Last des physischen Schmerzes zu befreien, den natürlichen Prozess des Schmerzabklingens nicht beschleunigen. Im Gegenteil, Aussagen wie „Du musst nicht weinen, es ist doch gar nicht so schlimm" ändern nichts daran, wie schlimm es sich gerade für das Kind tatsächlich anfühlt. Sie vermitteln dem Kind vielmehr, dass wir seine Empfindungen nicht nachvollziehen können, was zu Unsicherheit und zusätzlichem inneren Schmerz führen kann.

Eines der wertvollsten Geheimnisse im Umgang mit Kindern ist also die Kunst der in Worte gefassten Empathie. Vielleicht hast du sie bereits intuitiv genutzt, aber ich ermutige dich dazu, sie bewusst zu praktizieren. Du wirst erstaunt sein, wie sich dies positiv auf deine Beziehung zu deinem Kind auswirken kann.

Lasst uns zunächst das Thema Empathie in den Fokus rücken, um dann genauer zu erfassen, was ich mit in Worte gefasster Empathie meine. Im Wesentlichen geht es bei Empathie erst einmal darum, sich in andere einfühlen zu können, um sie besser zu verstehen. Empathie dreht das Prinzip des Sender-Empfänger-Modells in unserer Kommunikation um.

Hiermit kommen wir zur fortwährenden Herausforderung des Sender-Empfänger-Problems, dem wir Menschen unaufhörlich gegenüberstehen. Viele werden jetzt vermuten, dass es kein Problem geben sollte, wenn eine Person A sagt, schließlich meint sie damit auch A. Leider ist dies aber viel häufiger nicht der Fall, und das ist

einer der Gründe für die Komplexität unserer
Welt. Unsere zwischenmenschliche Kommunikation passiert immer den Filter der Individualität, der persönlichen Entwicklung und der unterschiedlichen Sichtweisen auf die Welt.

Kurz gesagt, funktioniert die Kommunikation folgendermaßen: Der Sender denkt „A“ und spricht „B“ aus. Der Empfänger hört „C“ und versteht „D“.

Wie also gelangen wir von „A“ zu „D“? Dies hängt von den individuellen Filtern ab, die jeder Mensch mitbringt. Der Sender mag zwar „A“ denken, doch er kann es vielleicht nicht exakt in Worte fassen und äußert daher etwas, das nicht hundertprozentig mit seinen ursprünglichen Gedanken übereinstimmt. Dadurch entsteht beispielsweise das Gesagte, „B“.

Der Empfänger hingegen nimmt sein Gegenüber durch den Filter seiner eigenen Erfahrungen und Entwicklungen wahr. Er hört also „C“, da seine Filter bereits beim Zuhören Einfluss nehmen. Dann folgt die Interpretation, denn alles, was wir hören, setzen wir in Verbindung mit unserem gesamten Erfahrungsschatz und unseren erworbenen Kenntnissen. So entsteht aus dem Gehörten „C“ das verstandene „D“.

Empathie bedeutet im weiteren Sinne, den Weg von A nach D rückwärts zu entschlüsseln. Die formulierte Empathie wiederum meint, dieses Verständnis in Worte zu fassen, indem man überlegt, was A sein könnte, und diese Gedanken ausdrückt. Das mag manchmal nicht einfach sein, aber Übung macht den Meister. Wenn wir dies nämlich praktizieren, erfährt der Sender ein unglaublich erfüllendes Gefühl des Verstanden Werdens. Dies ist besonders für Kinder von großer Bedeutung und fördert ihr seelisches Wohlbefinden.

In diesen Worten des Verständnisses für die schreckliche Situation, in der sich das Kind nach eigenem Empfinden befindet - und ich erzähle dies mit einem liebevollen Lächeln, da wir Erwachsene auf einer rationalen Ebene wissen, dass objektiv betrachtet, nichts wirklich Schlimmes passiert ist - steckt alles, wonach sich ein Kind sehnt. Einerseits ist da die Sicherheit durch Nähe, Wiegen und Anwesenheit. Andererseits das Gefühl, dass da jemand ist, der es versteht. Papa versteht mich und Papa glaubt mir, dass es für mich schlimm ist. Mitten im Schmerz ist dies ein unglaublich tröstliches Gefühl, das die Situation schon fast auflöst. Der Rest bleibt der Schmerz, der ohnehin abklingt und auch gar nicht mehr im Fokus liegt.

Das Gegenteil erreichen wir mit Sätzen wie „Du musst nicht weinen, schau mal, es ist gar nicht so schlimm." Aus der Sicht eines Kindes kann dies nur jemand sagen, der es überhaupt nicht versteht. Dies hinterlässt beim Kind das Gefühl, dass es nicht richtig ist, denn es empfindet offensichtlich nicht richtig. Denn wenn mir gesagt wird, dass es sich anders verhält als das, was ich fühle, bedeutet das, dass im Umkehrschluss meine Gefühle nicht richtig sind. Somit bin ich nicht richtig, weil ich als Kind das eine vom anderen noch gar nicht unterscheiden kann. Infolgedessen erscheint alles noch schlimmer, denn dann verstehe ich die Welt nicht, die Welt versteht mich nicht, und ich fühle mich unwillkommen und abgelehnt.

Wenn wir Dinge wie „es ist nicht schlimm" aus gut gemeinten Gründen sagen, weil wir dem Kind helfen wollen, seine schmerzliche Situation so schnell wie möglich zu überwinden, indem wir die vor allem emotionalen Wesen rational davon überzeugen wollen, dass tatsächlich nichts Schlimmes passiert ist, wird das kaum funktionieren. Für ein Kind bedeutet dies meist zusätzlichen inneren Schmerz.

Wenn das Kind den Schmerz ausdrückt, ist es vielmehr auf der Suche nach emotionaler Unterstützung und hat den Wunsch, dass seine Gefühle anerkannt werden. Wenn der Erwachsene dies abwehrt, fühlt sich das Kind nicht verstanden und ernst genommen. Es kann sich dadurch allein gelassen und unverstanden fühlen.

Das Kind wünscht sich in dieser Situation, dass jemand da ist, der seine Empfindungen versteht und akzeptiert, anstatt sie abzutun oder zu minimieren. Dieses Bedürfnis nach Verständnis und Mitgefühl, welchem wir durch die in Worte gefasste Empathie begegnen, indem wir das Offensichtliche noch einmal aussprechen und damit Nähe und Verständnis zeigen, ist ein grundlegender Aspekt zur Förderung einer positiven, emotionalen Entwicklung und des seelischen Wohlbefindens des Kindes.

Wir brauchen uns überdies nicht fürchten, dass ein Kind dadurch verweichlicht. Zum einen machen wir selbst nicht mehr aus der Situation, als sie ist. Wir werden ja nicht überschwänglich in der Bekundung unseres Mitleids. Was wir tun, ist dem Kind Verlässlichkeit zu vermitteln, solange es diese in seiner Entwicklung abfragt, und zum anderen geben wir dem Kind durch unser Handeln eine gesunde emotionale Orientierung, was ihm über die Zeit viel mehr zu innerer Ausgeglichenheit und Stärke verhilft.

Kapitel 2

Das Kind ist zu langsam

Der frühe Morgen brach an, ein leiser Hauch von Morgendämmerung strich über das verschlafene Land. Die Zeit schien langsamer zu fließen, als könnte die Welt noch einen Augenblick länger in der gemütlichen Ruhe verweilen.

Doch in unserem kleinen Häuschen erwachte eine hektische Symphonie. Die Morgenroutine, ein alltägliches Drama. Jeden Morgen, wenn die ersten zarten Sonnenstrahlen ihren Weg durch das Fenster bahnten, begann das gleiche alltägliche Spiel, von permanentem, negativem Feedback.

Meine Mutter, von der Last des bevorstehenden Tages genervt, huschte zwischen den Räumen hin und her, ein Wirbelwind der Verantwortung. Und dort, in einem Zimmer, das noch von der Dunkelheit verschlungen wurde, lag ich halb vergraben unter Decken, widerwillig und träumerisch.

Der Wecker durchdrang meine Träume wie ein leises Echo. Die Wirklichkeit der bevorstehenden Verantwortung verdrängte langsam die Ruhe des Schlafes. Ich öffnete die Augen und fand mich im Zwielicht meines Zimmers wieder.

Die Uhr tickte unbeirrt voran, während meine Mutter den Tag mit energischen Schritten begann. Sie rief nach mir, doch meine Antwort war ein leises Murmeln, kaum vernehmbar. Die Zeit drängte, und dennoch bewegte ich mich nur langsam.

Meine Mutter trieb mich an schneller zu machen, ihre Worte trugen eine unangenehme Schärfe in sich. Ich setzte mich endlich auf, um mich auf den Weg ins Badezimmer zu machen, die Müdigkeit wie Blei in meinen Gliedern. Die Zahnbürste wurde gezückt, doch verlor sich das Zähneputzen in den Wolken meiner Gedanken.

Das Frühstück verging wie in Trance unter dem ständigen Missfallen meiner Mutter darüber, dass ich so sehr rumtrödele. Sie war den ganzen Morgen genervt von mir, weil ich nicht schnell genug war. Jetzt mussten die Schuhe zugebunden werden, doch die Schnürsenkel fühlten sich an wie ein Labyrinth, das es zu entwirren galt. Die Uhr tickte unaufhörlich, der Zeitdruck lastete wie ein unsichtbares Gewicht auf der Szene.

Die negative Stimmung hing wie ein schwerer Vorhang in der Luft, die Blicke zwischen meiner Mutter und mir sprachen Bände. Ein Tanz der Frustration und Unwilligkeit, der jeden Morgen von Neuem aufflammte. Ich spürte das

Unbehagen in mir, das Gefühl, nicht schnell genug zu sein, nicht den Erwartungen gerecht zu werden. Es setzte sich wie ein Knoten in meiner Brust fest.

Die Worte meiner Mutter trafen mich immer wieder wie ein kalter Windstoß, mit einem bitteren Nachgeschmack von Traurigkeit. Die Hoffnung auf einen harmonischen Morgen verblasste, während der Druck der Uhr gnadenlos weiterlief. Der Tag wollte den Moment nicht länger hinauszögern, und so steuerte die Uhr unbeirrbar auf die Deadline zu. Ich, noch immer in den Strudel meiner eigenen Welt verwickelt, setzte endlich den Fuß vor die Tür. Die Schule wartete, der Tag warf seinen langen Schatten auf die Erde. Ich verließ das Haus, ein letzter Seufzer der Hektik verflog.

Die Morgenroutine, ein tägliches Drama, ein Akt der Träumerei, des Zögerns und der unermüdlichen Uhr, würde morgen erneut auf die Bühne treten, im gleichen Takt, im gleichen Rhythmus, und immer begleitet von diesem negativen Schleier, das Kind zu sein, das zu langsam ist und Morgen für Morgen der Negativität meiner Mutter ausgesetzt sein würde. Ein Schleier, der tiefe Traurigkeit in meinem Herzen hinterließ.

Hintergrund

Unter dem eiligen Drängen des Zeitgeistes sind wir oft getrieben von Terminen und Verpflichtungen. Ob es darum geht, rechtzeitig den Zug zu erreichen, eine Verabredung einzuhalten oder das Kind pünktlich in den Kindergarten zu bringen – das Kind erscheint uns oft zu langsam, als wäre die Zeit nur für uns ein kostbares Gut.

Doch hier liegt eine wichtige Erkenntnis verborgen: Kinder verstehen den Wert von Pünktlichkeit noch nicht in unserem Sinne. Kinder sind auch nicht schnell, oder effizient in dem, was sie tun. Ihre Welt dreht sich vor allem um ihre eigenen Bedürfnisse und Emotionen. Morgens früh aufstehen, um in den Kindergarten zu gehen, bedeutet für sie vor allem, müde zu sein. Sie setzen ihre Gefühle nicht in Bezug zu den rationalen Abläufen, die für Erwachsene so wichtig sind.

Für uns Erwachsene ist es eine Herausforderung, diese reine emotionale Seite der Kinder nachzuvollziehen und gleichzeitig zu akzeptieren, dass sie noch nicht in der Lage sind, die Logik unserer Erwachsenenwelt zu erfassen. Kinder befinden sich noch in einer Phase ihrer Entwicklung, in der solche Konzepte wie Pünktlichkeit und Zeitverständnis keine Rolle spielen.

Wie können wir also den Kreislauf durchbrechen, bei dem wir das Kind wiederholt negativ antreiben und damit doch nicht zum Ziel kommen? Wie können wir eine ausgewogene Morgenroutine gestalten und eine positive Zeit mit unserem Kind verbringen?

Die Antwort darauf entspringt einem genaueren Blick auf die Szenerie. Hier findet sich ein Mix aus einem begrenzten Zeitfenster, dem Nörgeln der Mutter über die Langsamkeit des Kindes und der unausweichlichen Erkenntnis, dass es in unserer Hand liegt, das Ruder zu wenden, da die Wahrscheinlichkeit, dass das Kind morgen plötzlich doppelt so flink ist, äußerst gering ist.

Um also den Morgen in positive Bahnen zu lenken, richten wir unseren Fokus auf eben diese drei Eckpfeiler. Erstens übernehmen wir die Verantwortung für die Situation und setzen nicht länger das langsame Tempo des Kindes auf den Prüfstand. Zweitens entwerfen wir ein großzügigeres Zeitfenster, indem wir morgens zum Beispiel eine halbe Stunde früher aufstehen. Dies erfordert ggf., dass wir am Vorabend eine halbe Stunde eher schlafen gehen.

Was die Geschwindigkeit des Kindes betrifft, ändern wir unseren Ansatz von negativer Kritik zu positiver Verstärkung. Wir begleiten die

Tätigkeiten des Kindes, die uns nicht perfekt erscheinen, mit Wohlwollen und unkommentiert. Die Aktionen wiederum, die das Kind schon recht geschickt bewerkstelligt, zeichnen wir hier und da mit bestätigenden Worten aus.

Positive Verstärkung gleicht einem Zaubertrank. Wir sollten uns immer wieder daran erinnern. Bei unangenehmen Situationen erliegen wir oft einem reflexhaften Hang, dies negativ zu quittieren. Bei positiven Anlässen müssen wir uns anhalten, diese bewusst zu untermauern.

Wie wäre es zum Beispiel mit einem Abschied, bei dem wir uns zum Kind beugen, ihm in die Augen schauen und mit sanfter Stimme sagen: „Ehe du gehst, wollte ich dir noch sagen, wie stolz ich auf dich bin. Du hast heute Morgen so wundervoll deine Aufgaben gemeistert – Zähne putzen, Anziehen, Frühstücken, Schuhe binden. Das hast Du ganz toll gemacht, mein Schatz."

Ja, es stimmt, dafür schlummert meist kein Reflex in uns, deswegen müssen wir uns entscheiden, das bewusst zu tun. Wir müssen die positiven Dinge bewusst wahrnehmen und dafür eine Bestätigung aussprechen. Wundervoll ist die Tatsache, dass sich diese Form der positiven Verstärkung weitaus nachhaltiger auf das Kind auswirkt und sich somit deutlich wahrscheinlicher und früher ein Verhalten einstellt, wie wir es uns von ihm wünschen, als jede erzieherische Maßregelung für Dinge, die uns nicht gefallen.

Kinder sind von einer mächtigen Energie beseelt. Sie sehnen sich nach der Anerkennung ihrer Eltern für ihr Sein und Tun – ein Wunsch, der tief in ihren Herzen ruht. Dieses Verlangen erklärt auch die transformative Wirkung der positiven Verstärkung, jenes Werkzeuges, das die Kraft hat, ihre Entwicklung atemberaubend voranzutreiben.

Die Vorstellung, dass diese Methode ihre Langsamkeit noch stärker hervorbringt, erweist sich als trügerisch. Ganz im Gegenteil. Erinnern wir uns an eine weitere wichtige Kraft, die Kinder antreibt: die Sehnsucht nach Selbständigkeit und Unabhängigkeit. Wenn wir sie also mit Wohlwollen und Verständnis begleiten, in einem angemessenen Zeitrhythmus und mit positiver Verstärkung, schaffen wir den Nährboden, auf dem diese Energie voll erblühen kann. Auf diese Weise ebnen wir den Weg für eine viel gesündere Entwicklung, und schneller ist sie auch noch.

Kapitel 3

Die Mutprobe

Die Treppenstufen unseres Zuhauses, ein Ort der Abenteuer und Entdeckungen, verwandelten sich an einem besonderen Tag in die Bühne eines unvergesslichen Spiels. Meine Tochter, ein kleiner Sonnenstrahl mit funkelnden Augen, stand vor mir, ihr Gesicht erstrahlte vor Freude. „Papa, darf ich in deine Arme springen?" Die Worte waren von kindlicher Unschuld geprägt, und doch spürte ich, dass es hier um mehr als nur ein Spiel ging.

Als Papa trug ich die Verantwortung, die Situation sicher zu gestalten. Sicherheit war das Wichtigste, aber ich wollte meine Tochter nicht mit Ängsten und Bedenken belasten. Ein Hauch von Abenteuer und ein Funken Vertrauen begleiteten mich, während ich die Lage prüfte. Rutschfeste Schuhe, meine feste Gewissheit, ihr Gewicht ohne Mühe auffangen zu können, die Treppe frei von Hindernissen - alles schien bereit.

Ein kurzer, innerer Dialog zwischen Erfahrung und Vorfreude signalisierte grünes Licht. Es war an der Zeit, das Spiel zu beginnen. Ein Spiel nicht nur des Körpers, sondern auch der Herzen. „Natürlich, mein Schatz", erwiderte ich mit einem Lächeln. „Papa ist hier, um dich aufzufangen. Du bist stark, du schaffst das."

Der Augenblick des Absprungs war ein Moment des Vertrauens. Sie sprang, und in diesem flüchtigen Moment der Verbindung zwischen Vergnügen und Geborgenheit, in dem die Schwerkraft ihre Regeln zu brechen schien, fing ich sie sicher auf. Ein Strahlen voller Stolz und Freude erhellte ihre Augen, als unsere Blicke sich trafen. Ein fröhliches Lachen folgte, ein Klang, der mehr sagte als tausend Worte.

Doch dieses Spiel war mehr als nur ein Sprung. Es war ein Tanz der Verbindung, eine feine Linie zwischen Abenteuer und Sicherheit. Ihre kindliche Freude sehnte sich nach Vertrauen, nach der Gewissheit, dass sie in meinen Armen sicher war. Es war ein Spiel, das in Wirklichkeit ein tiefes Bedürfnis nach Geborgenheit und Liebe ausdrückte. Jeder Sprung, ein kleiner Schritt in die Welt, begleitet von Worten der Ermutigung. „Papa ist hier, du bist stark, du schaffst das." Stufe um Stufe schritt meine Tochter voran. Die Treppe wurde zum Symbol für ihre eigene Reise in die Welt des Wachsens, des Lernens und des Vertrauens.

Mit jedem Sprung, mit jedem Lachen, wuchs nicht nur ihr Selbstvertrauen, sondern auch unsere Bindung. „Papa, von der nächsten Stufe?"

Ihre Worte klangen nach Mut und Entschlossenheit, und ich spürte ihre Sehnsucht nach Herausforderung. Mit Worten der Unterstützung und Liebe ermutigte ich sie. „Ja, mein Schatz, du kannst das. Papa ist immer hier, um dich aufzufangen. Du bist stark und mutig."

Die Stufen wurden höher, ihre Abenteuerlust größer, aber ich war an ihrer Seite, ein stiller Beschützer. Jeder Sprung festigte unsere Bindung, jedes Lächeln war eine Bestärkung ihrer inneren Stärke. „Papa, soll ich jetzt von hier springen?" Ihre Stimme war leise, fast zaghaft, und ich erkannte den Mix aus Furcht und Verlangen in ihr. Ich lächelte, meine Worte waren wie ein Versprechen. „Ja, mein Herz, du wirst großartig sein."

Und so sprang sie. Ich fing sie auf, wie immer, aber diesmal war da noch mehr. Ein Stolz, der aus ihren Augen leuchtete, ein Gefühl des Überwundenen. Ein Moment, der unsere Beziehung stärkte, ein Versprechen der bedingungslosen Unterstützung und Liebe, das in der Luft lag und im Klang unserer lachenden Herzen widerhallte.

Ich lernte, dass es nicht darum geht, Ängste zu ignorieren, sondern ihnen bewusst zu begegnen. Es ging nicht um das vermeintlich Gefährliche, sondern um das bewusste Schaffen einer Umgebung, in der Wachstum gedeihen kann.

Meine Rolle als Vater war nicht die des Grenzsetzers, sondern desjenigen, der eine sichere Plattform zum Abheben schuf.

Und so fanden wir uns wieder, auf den Treppenstufen des Vertrauens, der Freiheit und der Entfaltung. Die Ängste, einst Wächter vor der Gefahr, wurden zu Gefährten auf dem Weg des Wachstums. Eine Umarmung, ein Lächeln, ein Sprung. Diese kleinen Momente sind es, die Kinder stark werden lassen.

Ein besonderer Moment jedoch blieb in Erinnerung. Als die Treppe zu einer Höhe führte, die meine Zuversicht überstieg, fand ich den Mut, meine eigenen Grenzen zuzugeben. „Du darfst von der Stufe darunter springen, mein Schatz." Dies war nicht die Niederlage der Angst, sondern die Stärke des Verantwortungsbewusstseins. Eine Botschaft, die besagte: „Ich schätze dich und mich genug, um klug zu handeln."

Hintergrund

Kinder möchten und müssen sich ausprobieren. Kinder möchten immer schneller, immer weiter, immer höher. Sie leben völlig unbelastet in ihrer Begeisterung für das Leben und all das, was es zu entdecken und zu meistern gilt. Dabei schauen sie je nach Entwicklungsstand, wie sehr sie sich auf die Eltern verlassen können, um die Sicherheit zu tanken, die ihnen den Mut gibt, sich auszuprobieren.

Ängste sind nützlich, sie schützen uns vor ernsthaften Schäden und ermöglichen unser Überleben durch kluges Handeln. Es ist wichtig, Ängste wahrzunehmen, sie in unsere Entscheidungsfindung einzubeziehen. Aber wir sollten uns nicht von ihnen beherrschen lassen, denn das würde unsere Entfaltung und die unseres Kindes behindern.

Ängste sind vergleichbar mit Kompassnadeln, die uns vor direkter Gefahr warnen. Doch gleichzeitig können sie zu Käfigen werden, in denen die Freiheit des Experimentierens gefangen bleibt. So ist es für die gesunde Entwicklung der Kinder von Bedeutung, dass wir achtsame Begleiter sind, aber keine Überträger von Ängsten, die Unsicherheiten in ihnen nähren.

So gebe ich mir viel Mühe, selten und sehr selektiv zu reglementieren. Mein Fokus liegt vielmehr darauf, verantwortungsvoll Situationen so zu gestalten, dass ich gar nicht erst in die Situation komme, dies tun zu müssen, um das Selbstvertrauen meines Kindes mit ruhiger, sicherer Stimme begleiten zu können und es so zu stärken.

Anders verhält es sich, wenn wir unsere Kinder ständig warnen und sie davon abhalten, sich auszuprobieren, indem wir ihnen ununterbrochen mitteilen, was alles nicht geht und wie gefährlich die Welt ist. Dadurch übertragen wir unsere Ängste auf die Kinder. Paradoxerweise wird das Kind dadurch nicht vorsichtiger, sondern es wird unsicherer, und gerade das ist es, was die Unfallgefahr steigert.

Richtig ist es, zu verstehen, dass sich das Kind entwickeln möchte, dass es dazulernen möchte und ich als Erwachsener verantwortlich bin, eine möglichst risikoarme Umgebung dafür zu schaffen, in der es das tun kann. Dadurch muss ich das Kind nicht ununterbrochen ausbremsen, sondern ich schaffe bewusst eine Umgebung, in der ich das Kind ermutigen kann, sich auszuprobieren.

Meine Tochter hat mit ihren inneren Widerständen gekämpft, sie überwunden und das übermäßige Glücksgefühl erfahren dürfen, dass sie etwas geschafft hat, dass sie ihre Grenzen ein wenig erweitert hat und dass Papa da ist und sie auffängt und alles gut wird.

Was sicher ist und was man zu leisten in der Lage ist, muss jeder für sich selbst entscheiden. Es geht nicht darum, das Kind in zu gefährlichen Leistungen anzutreiben. Es geht darum, eine angemessene, sichere und positive Umgebung für das Kind zu schaffen, indem es den Wunsch, sich auszuprobieren, ausleben kann und wir dies mit einer Resonanz, die ihr Selbstbewusstsein fördert, begleiten können.

Ich als Erwachsener schaue also stetig darauf, dass ich Situationen gestalte, in denen ich nicht warnen muss, in denen ich möglichst nicht ängstlich wiederholen muss, „Tue dies nicht“, „Mach das nicht“, „Das ist gefährlich“, „Du kannst dir weh tun“, „Ich will nicht, dass dir etwas passiert“. Als Erwachsener schaffe ich Situationen, in denen das Risiko minimal ist oder ich es beherrsche.

Ich muss immer lächeln, wenn ich den Satz höre: „Bitte laufe nicht, du könntest stolpern.“ Dieser Satz steht für all das, was wir vermeiden sollten, wenn wir möchten, dass das Kind sich gesund entwickelt.

Beim Fahrradfahren zum Beispiel rufe ich meiner Tochter nicht nach, dass sie langsamer fahren soll, aus Angst, sie könne sich verletzen. Stattdessen rüste ich sie mit Protektoren aus, setze ihr einen Helm auf und wähle vielleicht einen weichen Untergrund wie eine Wiese oder Waldboden. Und dann rufe ich ihr nach: „Du machst das großartig!“

Kapitel 4

Wohlüberlegte Entscheidungen

Inmitten des geschäftigen Treibens eines Supermarktes bahnte sich meine Mutter einen Weg durch die Gänge, begleitet von mir, einem quirligen kleinen Begleiter. Die Anspannung lag spürbar in der Luft, ein Versuch, den Einkauf hinter sich zu bringen, während ich auf der Suche nach Aufmerksamkeit und Abenteuern war.

Meine Mutter eilte durch die Regalreihen, der Einkaufswagen klapperte auf dem Fliesenboden, begleitet von mir, der ich zwischen Langeweile und fehlender Aufmerksamkeit hin und hergerissen war. Inmitten des Einkaufes blieb ich immer wieder stehen, angezogen von den farbenfrohen Verpackungen und den verlockenden Naschereien. Mit einem unterschwelligen Drängen forderte meine Mutter mich auf, mich zu beeilen, während ihre eigenen Gedanken zwischen Einkaufsliste und bevorstehendem Termin hin und her wanderten.

Schließlich erreichte sie die Kasse, den Einkaufswagen vollbeladen mit Dingen für den Mittagstisch und weiteren Besorgungen, neben sich das Kind, welches sich in einer Welt des Überangebotes und unerfüllter Wünsche, hinter seiner drängenden Mutter herbewegte.

Nun sah ich die Schokoladenriegel, die in greifbarer Nähe aufgereiht waren, ein Schelm, wer dabei denkt, dass die kleinen Köstlichkeiten nicht absichtlich dort platziert wurden, und meine Augen leuchteten auf. „Mama, kann ich bitte einen Schokoriegel haben?", fragte ich mit einem charmanten Lächeln.

Meine Mutter blickte auf, die Stirn leicht gerunzelt, und sie antwortete reflexartig: „Nein, heute gibt es keinen Schokoriegel." Ihre Gedanken waren bereits wieder bei der Organisation des Nachmittags, der Zeit, die bereits knapp war, und der allgegenwärtigen Erschöpfung, die sie spürte.

Doch ich gab nicht auf. Mein Entzücken verwandelte sich in eine hartnäckige Bitte. „Aber bitte, Mama, nur einen bitte!", flehte ich mit leuchtenden Augen.

Meine Mutter, in Eile und leicht genervt, sah auf mich herab. „Ich habe doch gesagt, nein", entgegnete sie in einem Ton, der mehr Frustration als Überzeugung verriet.

Meine Augen füllten sich mit Enttäuschung, und ein Schatten legte sich über mein Gesicht. Doch dann, wie eine aufziehende Wolke, wurde mein Flehen lauter, fast verzweifelt. „Aber Mama, ich will wirklich nur einen! Bitte, bitte!"

Meine Mutter seufzte leise, der Druck des Moments stieg. Sie blickte sich um, spürte die Blicke der anderen Einkäufer auf sich gerichtet, und ihre Geduld begann zu schwinden. Mit einem Anflug von Ärger antwortete sie: „Nein, ich habe es dir doch schon gesagt. Das ist genug, jetzt reicht es!"

Ich ließ jedoch nicht locker, ich hatte die Herausforderung angenommen. Meine Stimme wurde lauter, energischer, und meine Mutter konnte die Energie in meinen Augen funkeln sehen. „Ich will aber den Schokoriegel, Mama!"

Meine Mutter spürte die Anspannung in ihrem Inneren steigen. Ihre Geduld schwand, und der Wunsch, die Situation zu beenden, wurde immer stärker. Schließlich, um Ruhe zu haben, packte sie den Schokoriegel und legte ihn auf das Kassenband. „Hier" sagte sie voller Frustration, „aber das war es dann für heute!"

Ich griff nach dem Schokoriegel, ein Gefühl des Triumphes gemischt mit der Traurigkeit darüber, dass meine Mutter sich über mich ärgerte, während sie den Einkauf bezahlte. Meine Mutter verließ den Supermarkt, ich stapfte schuldbewusst hinter ihr her, der Einkauf war erledigt, ich war zufrieden mit meiner Beute, aber bedrückt etwas falsch gemacht zu haben, und die Stimmung war am Tiefpunkt.

Hintergrund

Ich habe solche Situationen zwischen meinen Eltern und mir oft erlebt, und ich bemerke Ähnliches im Alltag auch bei anderen Familien. Im Wesentlichen sind die Muster dieser Situationen ähnlich.

Meistens beginnen sie mit Umständen und Umgebungen, die nicht wirklich kinderfreundlich sind. Dann folgen oft viele automatische Ablehnungen als Antwort auf die Bedürfnisse und Wünsche der Kinder. Diese Situationen erreichen oft ihren Höhepunkt in einer angespannten Stimmung, die entweder in ein „Ja" umschlägt, nur um endlich Ruhe zu haben, oder in einer regelrechten Eskalation nach einem „Nein" endet. Die Eltern wiederholen dabei oft Sätze wie „Ich habe es dir doch gesagt", und sie bringen meist dünn begründete, wenig durchdachte Argumente dafür vor, warum das Kind etwas nicht bekommen kann.

Lasst uns das einmal Schritt für Schritt betrachten, beginnend mit der Frage, wie kinderfreundlich die Umgebung eines Supermarktes für ein Kind sein kann. Kinder sind auf ihre Bedürfnisse ausgerichtet, sie nehmen ihre Welt direkt und ungefiltert wahr. Alles, was sie sehen, möchten sie auch gern besitzen, wenn es ihnen gefällt, und in einem Supermarkt sind viele

Dinge versammelt, die ein Kind ansprechen. Da sie die rationale Welt der Erwachsenen noch nicht verstehen können, reagieren sie einfach auf das Bedürfnis und in einem Supermarkt gibt es unzählige solcher Gelegenheiten. Warum sie die Dinge nicht einfach nehmen können, wenn sie doch direkt vor ihnen sind, können sie nicht begreifen. Hier ist es wichtig, dass Erwachsene von Grund auf Verständnis und Empathie für die Kinder zeigen, die sich in einer wirklich herausfordernden Situation befinden.

Die Supermarktsituation mit Kindern wird wahrscheinlich nie komplett problemlos sein. Es ist wichtig zu verstehen, dass die Kinder dafür nichts können. Was wir tun können, ist genügend Zeit einzuplanen und das Kind in den Einkauf einzubeziehen, indem es helfen darf. Wenn es zusätzlich gelingt, etwas spielerischen Spaß einzubringen, dann haben wir das Beste aus der Situation gemacht und sie so kinderfreundlich wie möglich gestaltet.

Das nächste Thema dreht sich um das oft automatische Ablehnen von Kinderwünschen. Wenn wir ein „Nein" ernst meinen und nicht mit Gewalt durchsetzen wollen, indem wir laut werden, liegt die erste Lösung in der klugen, gezielten und seltenen Anwendung von „Nein". Wir sollten auch nur dann ein klares „Nein" erwidern, wenn uns bewusst ist, welche möglichen

Konsequenzen das haben kann. Denn ein gut durchdachtes „Nein" erfordert Zeit und volle Aufmerksamkeit für das Kind, das sich mitunter sehr schwer damit tun kann. An dieser Stelle dann laut zu werden, bedeutet nur, dass man sich nicht die notwendige Zeit für das Kind nehmen möchte, sondern bereit ist, die Situation mit verbaler Gewalt zu beenden.

Um seltener „Nein" zu sagen, gibt es zwei Wege: eine verbale Umgehung oder das Kind mitnehmen. Die verbale Umgehung kann darin bestehen, Empathie zu zeigen und zu sagen: „Ja, ich verstehe, dass du das möchtest. Es ist schade, dass es heute nicht geht." So signalisieren wir, dass der Wunsch nicht erfüllt wird, nehmen uns aber Zeit für die Emotion des Kindes und zeigen, dass wir es verstehen. Das mag nicht immer ausreichen, aber es ist ein Anfang - immerhin wurde kein direktes „Nein" ausgesprochen.

Die andere Möglichkeit erfordert mehr Mühe: Das Kind voll in die Erklärung einzubeziehen bedeutet, es mitzunehmen. Dazu kann man sich auf Augenhöhe begeben, und in ruhigem Ton erklären, wie die Finanzen von Papa funktionieren - dass das Geld begrenzt ist und für viele Dinge reicht, aber nicht für alles. Die Zauberformel ist dann, dem Kind zum Ausklang Hoffnung und damit einen Ausweg aus dem aktuellen Dilemma zu geben. Man kann sagen: „Papa versteht deinen Wunsch gut, und er wird ihn sich gut merken. Wenn es passt, wird er sich ganz sicher daran erinnern und es dir kaufen."

Diese beiden Ansätze zusammen wirken Wunder. Die Zeit, die wir uns nehmen, um dem Kind die Situation zu erklären, kombiniert mit positiven Aussichten, hilft enorm. Wenn wir das Ganze noch mit Verständnis für die Emotionen des Kindes würzen, indem wir sagen „Ja, ich verstehe dich, es ist wirklich schade, dass du das nicht haben kannst", und das Kind liebevoll in den Arm nehmen, schaffen wir es, nicht automatisch „Nein" zu sagen. Normalerweise müssen wir diesen Aufwand nicht oft wiederholen. Ich persönlich habe das mit meiner Tochter tatsächlich nur einmal ausführlich besprochen und danach hin und wieder daran erinnert. Seitdem hatten wir die entspanntesten Einkaufserlebnisse und konnten unsere gemeinsame Zeit genießen.

Es ist wichtig, zu verstehen, welche Auswirkungen es hat, wenn wir schnell „Nein" sagen, aber dann doch nachgeben. Das kann für Kinder wie ein Training wirken. Wenn wir immer wieder „Nein" sagen, nur um es später zu ändern und doch zuzustimmen, trainieren wir die Kinder förmlich darauf, dass ein „Nein" eigentlich ein „Ja" bedeuten kann, wenn man nur genug darauf besteht. Natürlich heißt das nicht, dass wir niemals nachgeben sollten, nachdem wir einmal „Nein" gesagt haben – in angemessenen Fällen kann das durchaus sinnvoll sein. Es geht vielmehr darum, die inflationäre Verwendung von „Nein" zu vermeiden, die am Ende zu einem „Ja" wird oder falls wir eben doch einmal „Nein" gesagt haben, wir uns die Ruhe und die Zeit für das Kind nehmen, konsequent zu bleiben.

Zum anderen zeigen uns häufige reflexartig verwendete „Neins" auch, dass wir wieder in die Gewohnheit verfallen sind, uns vornehmlich dann zu äußern, wenn uns etwas missfällt. Dabei sollten wir uns eher darauf konzentrieren, positives Verhalten unserer Kinder zu verstärken. Wenn wir das bewusst und klug angehen, können wir sogar Situationen umschiffen, die dazu führen könnten, dass wir ein „Nein" aussprechen müssen. Wir können beispielsweise geschickt mit anderen schönen Aussichten ablenken.

Und auch das vorausschauende Handeln kann uns viele „Neins" im Alltag ersparen. Hier ein kleines von vielen Beispielen.

Angenommen, wir planen, uns mit Freunden und ihren Kindern zum Kaffee und Kuchen zu treffen. Natürlich wünschen wir uns, dass unsere eigenen Kinder dabei ordentlich gekleidet sind und diese Kleidung nicht dreckig wird. Doch wir wissen auch, dass spielende Kinder schnell schmutzig werden können. Nun möchten wir jedoch nicht Nein sagen, wenn sie den Wunsch äußern, mit den Kindern unserer Freunde spielen zu dürfen. Die Lösung liegt hier in einer vorausschauenden Vorbereitung. Indem wir also die Situation selbst gestalten, ermöglichen wir es uns, wieder einmal mehr ein „Nein" auslassen zu können.

Wir könnten also eine zusätzliche Garnitur Kleidung mitzunehmen. Der Deal ist schlicht, dass sie sich bitte dazu einmal umziehen mögen, wenn sie herumtollen wollen. Auf diese Weise lernen die Kinder einerseits, dass es spezielle Kleidung gibt, die sauber bleiben soll, und andererseits können wir darauf verzichten, ihnen Nein zu sagen, wenn sie gerne spielen möchten. Durch unser vorausschauendes Handeln und die Beeinflussung der Umstände können wir viele dieser oft frustrierenden „Neins" aus unserem Alltag verbannen.

Lass uns nun zur letzten wichtigen Säule übergehen. Wir haben bereits die Themen kindgerechte Umgebungen und den Umgang mit häufigen „Neins" beleuchtet. Zum Abschluss werfen wir einen Blick darauf, welche Auswirkungen das rationale „Das habe ich dir doch gesagt" haben kann. Dazu möchte ich die

emotionale Welt und die Aufmerksamkeitsspanne von Kindern ansprechen. Wie wir
wissen, leben Kinder in einer ganz eigenen, von
starken Emotionen geprägten Welt voller Fantasie und Abenteuer. Diese Welt kann so intensiv
sein, dass ein sachlicher Satz eines Erwachsenen darin regelrecht verlorengehen kann. Zudem ist die Aufmerksamkeitsspanne kleiner Kinder begrenzt. Die vernünftigen Erklärungen der
Erwachsenen können schnell verblassen und in
den Hintergrund treten. Somit drückt die Äußerung „Das habe ich dir doch gesagt“ vielmehr
aus, dass wir nicht verstehen, mit wem wir sprechen. Die Antwort könnte lauten: „Ja, das hast
du gesagt, lieber Erwachsener, und du wirst es
noch häufig tun müssen, das ist ganz normal,
denn es ist ein Kind, mit dem du sprichst.“

Der Schlüssel hierbei liegt also in wohlwollenden Wiederholungen, die in einem ruhigen Ton
erfolgen. Ich selbst habe an dieser Stelle oft eine
spielerische Methode eingesetzt. Kinder lieben
Spiele und Herausforderungen in jeder Lebenslage. Wenn meine kleine Tochter also einmal
nicht meinen Anweisungen gefolgt ist, habe ich
sie gefragt: „Mein Schatz, erinnerst du dich
noch, was Papa gesagt hat?“ Dies hat sie manchmal überrascht, und sie aus ihrer eigenen kleinen Welt in meine Gegenwart geholt.

Aber sie fand es spannend, und ich habe ihr kleine Hinweise gegeben, damit sie in ihrem Gedächtnis nach der Lösung suchen konnte. Es war immer so süß: In dem Moment, in dem sie sich erinnerte, wurde sie leicht rot, lächelte verlegen und setzte sofort um, was ich mir von ihr wünschte, zusätzlich begleitet von der Freude, eine Aufgabe gelöst zu haben.

Dieses Vorgehen hat zwei positive Effekte. Zum einen verankert sich mein Wunsch in ihr tiefer, da sie intensiv selbst darüber nachdenkt, anstatt dass ich es ihr einfach vorkaue. Zum anderen kann ich sie in einer vermeintlich negativen Situation in freundlicher Form korrigieren, indem ich sie dafür bestätige, dass sie sich großartig erinnert hat. Das ist eine von vielen schönen Möglichkeiten und kleinen Tricks, gewünschtes Verhalten bei einem Kind zu fördern, ohne dabei negative Worte zu verwenden, sondern mit einem spielerischen Ansatz zum Erfolg zu gelangen.

Kapitel 5

Der Reiz des Neuen

Ein herrlich sonniger Tag spannte sich über das Freibad, als meine Tochter und ich gemeinsam eintrafen. Ich genieße die Zeit sehr mit ihr. Das Freibad war erfüllt von einer heiteren Atmosphäre, begleitet vom fröhlichen Lachen der zahlreichen Kinder, die sich hier tummelten. Wir waren voller Vorfreude auf das kühle Nass und die gemeinsamen Stunden.

Das Wasser spritzte uns ins Gesicht, während wir ausgelassen herumtollten. Meine Tochter wollte immer wieder von meinen Schultern ins kühle Nass springen. Ich genoss ihr Vertrauen und ihren Mut, immer ein wenig höher zu fliegen. Ihre Augen leuchteten vor Freude, wenn sie nach dem Sprung wieder in meinen Armen landete, um sich die Augen trocken zu tupfen und die Welt um sie herum fröhlich neu zu erfassen.

Es sind diese schlichten Momente des Lebens, die oft die tiefgreifendsten Eindrücke hinterlassen. Wenige Dinge sind notwendig, um ein solches Glücksgefühl zu erzeugen – die liebevolle Nähe, das Gefühl der Geborgenheit, das Plätschern des Wassers, die warmen Sonnenstrahlen, und die kleinen Herausforderungen, die sich durch die Sprünge ins Wasser ergeben.

Wir genossen jede Sekunde, die wir miteinander verbrachten, während die Zeit sich scheinbar in dieser fröhlichen Oase verlor. Äußerlich ließ ich mir nur völlige Ruhe und Gelassenheit anmerken, doch innerlich wachte ich stets wie ein Adler über meine Tochter. Meine Augen waren auf sie gerichtet, meine Hände bereit, sie aufzufangen, falls sie es brauchte. Sie sollte sich sicher und geborgen fühlen, während sie diese kostbaren Momente des Lebens erkundete. Es war eine Symbiose aus Freiheit und Sicherheit, die uns in diesen Momenten begleitete. Es war ein Privileg, dieses Glück in ihrer Nähe erleben zu dürfen.

Und was darf bei einem herrlichen Tag im Freibad keinesfalls fehlen? Natürlich der kleine Snack oder die knusprigen Pommes mit Ketchup und Mayonnaise. Schließlich sorgt das ausgelassene Planschen im Wasser und das Spielen in der Sonne für einen ordentlichen Appetit. Obwohl ich normalerweise auf eine gesunde Ernährung achte, bin ich kein Verfechter strenger Regeln und Zwänge. Mir ist bewusst, wie köstlich ein paar ungesunde Pommes an einem sonnigen Tag im Freibad sein können – vielleicht noch ein eiskaltes, erfrischendes Getränk dazu. Unser Alltag ist geprägt von gesundem Essen, aber es ist absolut in Ordnung, hin und wieder eine Ausnahme zu machen, besonders an so einem besonderen Tag wie diesem.

Nun ist es so weit – eine kleine Verschnaufpause ist angesagt. Nach all dem ausgelassenen Herumtoben im Wasser benötigen wir eine kurze Erholung. Wir machen uns auf den Weg zu unserem Plätzchen, wo meine kleine Tochter sich in ihr Handtuch einwickelt wie eine kleine Raupe in ihren Kokon. Es dauert nicht lange, und wir beschließen, zum Kiosk zu schlendern – endlich Pommes zu essen und etwas zu trinken, genau das Richtige für den Moment.

In der Schlange stehen wir nun, umgeben von anderen, die ebenso freudig auf ihre Bestellungen warten. Als wir an der Reihe sind, stehen wir vor der Theke und geben unsere Wünsche auf. Ein paar Pommes sollen es sein. Doch meine Tochter hat noch Durst und ich frage sie, was sie sich zu trinken wünscht. Vor uns erhebt sich dieses berühmte Gerät, das mit einer sich drehenden Schraube kühle Eiskristallgetränke in verschiedenen leuchtenden Farben und Geschmacksrichtungen zaubert. Ja, gesund ist es wohl nicht, doch heute lassen wir es mal krachen – an einem solchen Tag dürfen auch mal solche Leckereien sein. Die bunten Farben üben eine unwiderstehliche Faszination auf Kinder aus. Normalerweise hat sich meine Tochter in der Vergangenheit immer für dieselbe Geschmacksrichtung entschieden. Doch dieses Mal überrascht sie mich, indem sie fragt, ob sie das coole blaue Getränk probieren darf.

Ich wandte mich an sie und fragte: „Bist du dir sicher? Es sieht zwar verlockend aus, aber du kannst doch noch gar nicht wissen, ob es dir schmeckt." Doch sie war entschlossen. Mit strahlenden Augen betonte sie, dass sie unbedingt dieses faszinierende blaue Getränk haben möchte. Nun, dachte ich, Kinder müssen ihre Erfahrungen machen, und schließlich war sie ja auch meine kleine Prinzessin, und ihr Wunsch war mir Befehl.

Ich bestellte die Pommes und das Getränk, und sie bekam ihr neues, wunderschönes blaues Elixier. Gemeinsam steuerten wir unseren Platz an. Kaum hatten wir ihn erreicht, nahm sie den Strohhalm in den Mund und sog genüsslich daran, um die verheißungsvolle Köstlichkeit zu trinken. Doch mit jedem Schluck schien sie stiller zu werden.

Mit liebevoller Besorgnis fragte ich, ob alles in Ordnung sei. Sie nickte mit gesenktem Kopf, doch es war offensichtlich, dass irgendetwas nicht stimmte. Als ich beobachtete, wie sie nur zaghaft am Getränk nippte, das ihr vorhin noch so verlockend erschien, beugte ich mich zu ihr hinunter. Leise fragte ich: „Könnte es sein, dass dir das Getränk nicht schmeckt? Und hast du vielleicht Angst, es zu sagen, aus Furcht vor einer Standpauke?" Ihre Zustimmung kam in Form eines Kopfnickens, begleitet von einem weiterhin gesenkten Blick. Da war mir einiges klar.

Mein Herz zog sich zusammen, als ich sah, wie meine kleine Tochter dasaß, ein gequälter Ausdruck auf ihrem Gesicht. In einem Augenblick durchlief ich die Situation erneut. Was war geschehen? Die tückische Strategie der Getränkehersteller war perfekt aufgegangen. Dieses leuchtende, scheinbar zauberhafte blaue Getränk hatte eine unwiderstehliche Anziehungskraft auf sie ausgeübt. Und ich hatte es ihr erlaubt. Doch nun, da die Verlockung des Augenblicks verflogen war, machte sich Traurigkeit in ihren Augen breit, da es ihr gar nicht schmeckte.

Mein Gedankenkarussell verweilte bei der Frage, warum sie so bedrückt war. Es dämmerte mir, dass sie bereits früher solche Situationen erlebt haben musste. Momente, in denen sie sich für etwas entschieden hatte und dann von Erwachsenen Tadel dafür geerntet hatte, wenn sie es plötzlich nicht mehr wollte. „Du wolltest es doch unbedingt, das hast Du jetzt davon", hörte ich diese enttäuschende Stimme in meinem Inneren nachahmen.

Ich verstand ihre Sorge. In ihren jungen Augen konnte ich die Furcht vor einem ähnlichen Vorwurf lesen. Aber ich wollte ihr zeigen, dass es anders sein konnte, dass sie nicht bestraft wurde, weil sie ihre Meinung änderte. Sanft nahm ich ihre Hand und flüsterte: „Du musst dich nicht grämen, mein Liebling. Das passiert den Erwachsenen auch manchmal. Wir lernen alle durch solche Erfahrungen." Ihr Blick hob sich zu mir, und ich wusste, dass ich sie nicht enttäuscht hatte. Die Welt konnte so kompliziert sein, aber in diesem Moment spürte ich, dass wir gemeinsam lernen und wachsen würden, in Harmonie und Verständnis.

Ein Lächeln huschte über mein Gesicht, während ich in ihre Augen schaute. Nein, wie konnte ich dieses unschuldige Wesen tadeln? Was konnte sie dafür, dass sie die Welt erst in all ihren Farben und Geschmacksrichtungen erkunden lernte? Sanft legte ich meinen Arm um sie. „Beruhige dich Kleines", sagte ich liebevoll. In diesem Moment erinnerte ich mich wieder an unser kleines Ritual, jenes Spiel der Erinnerungen.

„Kannst du dich daran erinnern", fragte ich mit einem warmen Lächeln, „wie Papa dich gefragt hat, ob du es wirklich möchtest, obwohl du nicht wusstest, wie es schmeckt?" Sie antwortete leise: „Ja, ich erinnere mich." Ihre Augen ruhten auf mir, und ich fuhr fort. „Mein Engel, du hast nun eine wunderbare Erfahrung gemacht. Du weißt jetzt, wie es ist, sich für etwas Neues zu entscheiden und festzustellen, dass es nicht so ist, wie du es erwartet hast. Aber das ist keineswegs schlimm, das gehört zum Leben dazu. Das ist so, wenn man die Welt entdeckt. Und jetzt frage ich dich: Was könnte eine Lösung sein?"

Überraschenderweise brachte sie ein leises „Probieren" hervor. Ich lächelte stolz. „Genau, mein Schatz", bestätigte ich sie sanft. „Beim nächsten Mal kannst du die nette Dame fragen, ob du vorher kosten darfst, weil du unsicher bist, ob es dir schmeckt. Und wenn sie dich probieren lässt, dann kannst du in Ruhe auswählen. Und wenn nicht, kannst du immer noch entscheiden, ob du lieber etwas wählen möchtest, von dem du weißt, dass es dir schmeckt. So vermeiden wir, das blaue Getränk wegwerfen zu müssen, denn Essen und Trinken ist kostbar. Wir achten darauf, respektvoll mit den Geschenken der Natur umzugehen." Ihre Augen leuchteten auf. In diesem Moment fühlte ich, wie wir gemeinsam über kleine Hürden des Lebens sprangen, gestärkt durch Verständnis und Liebe.

Schließlich wandte ich im Ausklang wie so oft die Methode der positiven Perspektive an. „Komm, mein kleiner Engel", sprach ich, „das ist geschehen und du musst dich nicht grämen. Selbst Erwachsene erleben solche Situationen. Jetzt lass uns diesen Tag genießen. Und wie wäre es, wenn wir noch das grüne Getränk für dich holen, das du sonst so gerne magst?"

Ihre Augen erstrahlten. Sie schenkte mir ein Lächeln. In diesem Augenblick war kein Raum für Schelte oder Enttäuschung. Sie spürte, dass ich nicht über ihre Wünsche und Entdeckungen urteilte, sondern sie unterstützte, ihren Weg zu finden. Sie wurde nicht ermahnt, sondern ermutigt.

Natürlich wusste ich, dass solch kostbares Verstehen wiederholt werden müsste, dass Kinder sich vielmehr durch das Erleben als das kognitive Verstehen entwickelten. Vielleicht würden wir ähnliche Situationen noch einige Male durchleben. Doch in dieser besonderen Szenerie wusste ich, dass sie einen Schritt weitergekommen war, und wir würden die Welt gemeinsam erkunden – ohne ein unnötiges Nein, ohne Gewalt in Worten, ohne Frust und ohne Schelte. Nur wir beide, in Liebe und Wohlwollen, begleitet von der Harmonie dieses sonnendurchfluteten Tages.

Hintergrund

Kinder, diese neugierigen Entdecker, müssen die Welt um sich herum erforschen und ausprobieren. Es ist ihre Natur, es ist gesund, und ja, es ist wichtig, dass sie lernen, dies mit Bedacht zu tun. Doch wir können nicht von ihnen verlangen, was wir Erwachsene manchmal selbst nicht perfekt beherrschen. Es ist noch zu früh für sie, sie stecken mitten in ihrer Entwicklung und benötigen den Raum, um zu lernen und zu wachsen.

Ich persönlich setze auf eine einfühlsame Begleitung. Das steht im Gegensatz zu Grenzen, die ohne Rücksicht auf Verluste auf Kinder niederprasseln, wenn sie etwas vermeintlich falsch gemacht haben. Grenzen sind notwendig, aber wie wir sie vermitteln, das macht den Unterschied. Mit Wohlwollen und Begleitung können wir sie setzen oder aber wir handeln nachlässig und zu hart.

Die Gehirnforschung unterstützt den Ansatz der einfühlsamen Begleitung, da sie mit Freude, Entspannung und Spaß einhergeht, und das ist der Dünger, der das Lernen beflügelt. Daher kann ein älterer Mensch, der vielleicht schon in seinen Siebzigern ist, anders als früher gedacht, in wenigen Wochen eine anspruchsvolle Sprache wie Chinesisch erlernen. Dies geschieht zum Beispiel, wenn er sich voller positiver Emotionen in eine Chinesin oder Chinesen verliebt. Diese positiven Gefühle erzeugen im Gehirn Stoffe, die den Aufbau neuer Verbindungen zwischen den Synapsen massiv beschleunigen. Ergo trägt die verständnisvolle Begleitung, mit denselben

Grenzen, die wir den Kindern geben, zu einer positiven Stimmung der Kinder bei, wodurch diese viel effektiver und auch schneller lernen.

Der andere Weg, Kindern etwas beibringen zu wollen, ist die Gewalt, die wir dadurch ausüben können, indem wir sie anschreien, wenn sie etwas vermeintlich falsch gemacht haben. Wir möchten, dass sie sich für immer daran erinnern, wie ein Stromzaun eine Kuh daran erinnern soll, dass hier die Grenze ist.

Das Anbrüllen von Kindern kann klar mit Gewalt gleichgesetzt werden, weil es eine aggressive und schädliche Art ist, mit ihnen umzugehen. Gewalt bedeutet, jemandem wehzutun oder ihm Angst zu machen. Wenn wir ein Kind anschreien, verwenden wir laute Worte und lautes Verhalten, um es zu erschrecken und zu kontrollieren. Das kann dem Kind emotional wehtun und es verängstigen. Genauso wie physische Gewalt, bei der man körperlichen Schaden verursacht, kann das Anschreien ebenso seelischen Schaden anrichten.

Gewalt ist zudem Ausdruck von Bequemlichkeit und Schwäche. Bequemlich ist es deswegen, weil wir uns vor der Situation nicht die notwendige Zeit für das Kind genommen haben, um es zu dem Fehler, den wir bestrafen wollen, erst gar nicht kommen zu lassen, oder weil wir uns, nachdem das Kind den vermeintlichen Fehler gemacht hat, die Zeit nicht nehmen wollen, es angemessen, in Ruhe und verständlich zu korrigieren.

Schwäche ist ein Gewaltausbruch allerdings immer, denn es ist das Eingeständnis, dass wir nicht in der Lage waren, die Situation anders zu lösen. Hier sei angemerkt, fast jede Situation bietet eine alternative Lösungsmöglichkeit – außer in außergewöhnlichen Fällen.

Eine Situation anders zu handhaben, erfordert oft, sie ganzheitlich zu betrachten. Wir müssen verstehen, wie es zu dieser Situation kam und unsere Rolle darin begreifen. Wir müssen an uns arbeiten und unser Verhalten ändern, um ähnlichen Situationen in Zukunft zu entgehen. Das erfordert Zeit und Mühe. Doch durch Schreien oder das Herauslassen von Frustrationen über unsere eigene Unvollkommenheit vermeiden wir eben diesen Aufwand.

Kinder verdienen unsere Achtsamkeit und Geduld. Gewalt ist niemals eine Lösung. Stattdessen sollten wir uns darum bemühen, in Ruhe und mit Verständnis für die Situation angemessene Wege zu finden, um miteinander umzugehen.

Kapitel 6

An jedem verdammten Sonntag

Ich erwachte mit einem Druck auf der Brust. Mein Innerstes wusste bereits im Voraus, dass dieser Tag für mich wieder eine Prüfung bedeuten würde. Das Licht kroch durch die Gardinen, die einen Schatten in mein kleines Kinderzimmer warfen. Das Licht, der Vorbote auf einen dunklen Tag, der sich jede Woche wiederholte.

Es war eine familiäre Situation, geprägt von Kompliziertheit und Widersprüchen. Mein Stiefvater trieb meine Mutter dazu an, sich regelmäßig sonntags, ohne mich, mit Freunden zu treffen. Dies war für ihn ein Höhepunkt der Woche, ein Moment, in dem er sich von den Verpflichtungen des Alltags lösen konnte, um seinem Glauben nachzukommen. Doch für mich, ein kleines Kind, das in dieser Konstellation gefangen war, bedeuteten diese Sonntage eine ganz andere Realität.

Die Uhr tickte unaufhörlich, und ich spürte, wie ein Unwohlsein in mir aufstieg, sobald der Sonntagmorgen anbrach. Es war eine Mischung aus Angst, Unsicherheit und Verlassenheitsgefühlen. Denn an diesem Tag, an dem viele Familien Zeit miteinander verbrachten, würde meine Familie auseinandergerissen. Meine Mutter und mein Stiefvater würden mich zurücklassen, denn sie trafen sich mit Freunden, an einem Ort, an dem ich keinen Platz hatte.

Ein kleines Kind, das mit seinen Gedanken allein gelassen wurde, ohne die Wärme der Familie, ohne die Geborgenheit, die andere Kinder an diesen Tagen erlebten. Ich versuchte die aufkommende Traurigkeit in mir zu unterdrücken. In den ersten Jahren gab es noch eine Art Rettungsanker, mein Onkel, der an diesen Tagen über mich wachte. Doch mit der Zeit verblassten auch seine Besuche, und ich blieb in dieser einsamen Sonntagsroutine allein zurück.

Nach dem bedrückenden Frühstück begann das sonntägliche Ritual, das ich mit meinem Stiefvater und meiner Mutter zu teilen hatte. Es war eine Veranstaltung, die für einen Erwachsenen vielleicht erhebend wirkte, für ein Kind wie mich jedoch zur Tortur wurde. Klassische Musik erklang aus den Lautsprechern, und wir saßen da, wie Statuen in einem Museum. Ich durfte mich nicht bewegen, keine Regung zeigen, denn es handelte sich um eine Konzentrationsübung, die meinem Stiefvater von besonderer Bedeutung war.

Die Sehnsucht eines kleinen Kindes nach Bewegung kämpfte gegen die strenge Anordnung an, ich litt in meiner erstarrten Haltung. Meine

Eltern waren todernst, ihre Gesichter ausdruckslos, während sie der Musik zuhörten, als ob sie in eine andere Welt eintauchten. Ich hatte keine andere Wahl, als ihrem Beispiel zu folgen, mich dieser Qual zu unterziehen und stillzusitzen.

Die Minuten dehnten sich zu Ewigkeiten aus und ich sehnte mich nach der Erlösung, die das Ende der Musik bedeuten würde. Endlich erloschen die letzten Töne. Meine Eltern lächelten mich an, ein Lächeln, das ich erwiderte, aber in meinem Inneren fühlte ich nur Leere. Das Ritual war vorbei, aber die Einsamkeit blieb, schwer wie Blei auf meiner Seele.

Nachdem das sonntägliche Musikritual überstanden war, folgte der nächste Programmpunkt in unserem festgefahrenen Ablauf: Der Sonntagsspaziergang. Für meine Eltern war dieser Ausflug, der oft den Friedhof als Ziel hatte, eine Art Flucht in die Stille und die Schönheit der Natur. Zudem gingen sie immer gern noch Blumen für das spätere Treffen mit den Freunden in der nahen Umgebung des Friedhofs einkaufen. Der Friedhof, ein Ort der Ruhe, schien für sie wie geschaffen, um der Hektik der Welt da draußen zu entfliehen. Es war ein Ort der Konzentration, und diese Fähigkeit, sich auf das Wesentliche zu besinnen, schätzten meine Eltern sehr. In einer Zeit, in der die Menschen finanziellen Erfolgen

und Statussymbolen hinterherjagten, suchten
sie hier nach einem Gleichgewicht.

Während wir also über die stillen Wege des
Friedhofs schlenderten, war Schweigen das Gebot, mit der Ausnahme, einer würde etwas tief-
greifend Wesentliches äußern. Der Sonntagsspaziergang mit meinen Eltern gestaltete sich
für mich zu einer quälenden Angelegenheit, die
mich einengte. Die endlosen Reihen von Grä-
bern, die stumm von vergangenen Leben und
verblassten Erinnerungen zeugten, bedrückten
mich zusätzlich.

Nachdem der Spaziergang sein Ende gefunden
hatte, verschaffte mir die verschlossene Tür meines Zimmers endlich die ersehnte Freiheit. Hier,
in diesem Raum, tauchte ich ein in meine eigene
Welt der Träume und Fantasien. Es war eine
Flucht vor den Zwängen und Erwartungen, die
draußen auf mich lauerten und davor, für das,
was ich war, abgelehnt zu werden. In meinem
kleinen Reich fand ich einen gewissen Schutz,
auch wenn ich gleichzeitig von den begrenzten
Dimensionen meines Zimmers gefangen war.

Doch dieses Zimmer war mein Heiligtum, der
Ort, an dem ich, ich selbst sein konnte. Die
Stille, die sich über unser kleines Haus ausbrei-
tete, war fast greifbar. Meine Eltern begaben sich

meist zum Mittagsschlaf, nachdem sie noch eine Weile auf ihren Instrumenten geübt hatten.

In dieser Stille fand ich meine Freiheit. Stundenlang konnte ich mich in meiner eigenen Welt verlieren, meine Gedanken und Fantasien zum Leben erwecken. Während draußen die Welt in Bewegung blieb und der Sonntag seinem Rhythmus folgte, war mein Zimmer ein Ort der Sicherheit für mich.

Durch das Fenster fiel das warme Sonnenlicht, das meine Fantasien in warme Farben tauchte. Hier konnte ich alles sein, tun und erleben, was ich mir vorstellte. Meine Spielsachen wurden zu Verbündeten in Abenteuern, die nur in meiner Vorstellung existierten. Mein kleines Zimmer wurde zur Bühne für meine eigene Geschichte, ein Ort, an dem ich sein durfte, wie ich war. Es war eine kostbare Flucht vor der Realität, die draußen auf mich wartete, eine Insel der Freiheit inmitten des Sonntags.

So verweilte ich, fröhlich und allein, in meiner unglücklichen Welt. Meine treuen Spielfreunde, meine Spielzeuge, waren stets an meiner Seite und schenkten mir die wertvollste Gabe: die Freiheit, ein Kind zu sein. Mit ihnen konnte ich sein, ohne die Bürde, jedes Wort abwägen zu müssen, um erwachsen und bedeutend zu klingen, wie es meine Eltern immer von mir erwarteten. Meine kleine, abgeschottete Welt erlaubte mir, mich zu bewegen, meine Gedanken zu entfalten und meine geistigen Flügel auszubreiten.

Doch stets schwebte über allem die düstere Gewissheit, dass der Sonntag unaufhaltsam auf diesen einen Moment zusteuerte – den Moment, an dem sie mich verlassen würden. Der Gedanke daran überschattete jedes Spiel, jede Freude. Jeder Sonntag gipfelte in der gleichen Szene: Dem Alleinsein. Eine stumme Hoffnung wohnte jedes Mal, beim Zubettgehen, in mir, dass sie wiederkehren mögen. Einsamkeit umhüllte mich, wenn ich mich ganz allein in die Dunkelheit meines Bettes schmiegte.

Jedes Mal, wenn sie sich am späten Nachmittag auf den Weg zu ihren Freunden machten, durchzog mich eine merkwürdige Mischung aus Freude und Trauer. Freude, weil sich ihre Gleichgültigkeit mir gegenüber entfernte. Sie hatten keine Macht mehr über mich, zwangen mich zu nichts, was ich nicht wollte. Aber auch Trauer, weil es trotz allem meine Eltern waren, und in der kindlichen Tiefe meiner Seele hegte ich den unerschütterlichen Glauben, dass ich der Auslöser sein musste, weshalb sie mich regelmäßig allein zurückließen. Wer, wenn nicht ich, ist schuld daran, dass sie mich verlassen?

So war ich mir sicher, dass ich nicht gut genug sein konnte.

Nach ihrem Fortgehen kehrte ich zurück in mein kleines, stilles Reich, zu meinen treuen Freunden, meinen Spielzeugen. Ich tauchte in das Spiel ein, versuchte die Einsamkeit zu überlagern, die das leere Haus mir einflößte.

Es war ein kleines Haus, doch in meinen Kinderaugen entfaltete es eine unheimliche Größe und Schauer erzeugende Präsenz. Ich war allein dort, und jede Tür barg die Möglichkeit eines furchterregenden Geheimnisses. Mit aller Kraft versuchte ich, diese Gedanken zu verdrängen, mich in meinem winzigen Zimmer einzuschließen, um wenigstens dort ein Gefühl von Sicherheit zu finden.

Die Stunden vergingen, und der Abend neigte sich gegen Mitternacht. Zu oft konnte ich nicht einschlafen, daher wartete ich, bis ich das Geräusch ihres Autos vernahm und ich sie wartend am Fenster heimlich entdeckte. Schnell sprang ich ins Bett. Zumindest fühlte sich das Haus mit ihrer Rückkehr wieder etwas sicherer an. Ich tat so, als würde ich tief schlummern, um keinen Tadel zu ernten. Meine Mutter trat in mein Zimmer, schaute kurz nach mir und schloss dann leise die Tür. Der Sonntag war überstanden, doch der nächste lag bereits in unmittelbarer

Reichweite, und dies sollte sich über viele, viele Jahre wiederholen.

Hintergrund

Es gibt eine Geschichte eines klugen Kinderpsychologen, den ich sehr bewundere. Eines Tages erzählte ihm ein Elternpaar von ihrem Problem: Sie wollten unbedingt einmal ohne Kind Pizza essen gehen, um Zeit für sich zu haben. Aber jedes Mal, wenn sie das Haus verlassen wollten, fing ihr Kind laut an zu weinen und schien verzweifelt. Sie fragten ihn, was sie in dieser Situation tun sollten.

Die Antwort des Kinderpsychologen war kurz, einfach und wahr: „Zu Hause bleiben!" Nach einer Kunstpause, in der die Eltern ihn verblüfft ansahen, weil sie eine komplexere, psychologische Lösung erwartet hatten, fügte er hinzu: „Ihr stellt die falsche Frage. Die richtige Frage müsste lauten: Was können wir tun, damit unser Kind sich wohl fühlt, wenn es einmal von uns getrennt ist?"

Aus psychologischer Sicht geht es dabei um die „Objektkonstanz". Die Entwicklung der Objektkonstanz ist ein wichtiger Schritt in der Entwicklung eines Kindes. Es bedeutet, dass ein Kind verstehen lernt, dass eine Person, die es gerade nicht sehen kann, immer noch existiert. Später in der Entwicklung bedeutet

Objektkonstanz auch, dass ein Kind sich sicher und geborgen fühlen kann, selbst wenn die Eltern gerade nicht in der Nähe sind.

Für die Entwicklung dieser Fähigkeit brauchen Kinder Zeit, und jedes Kind hat sein eigenes Tempo, um dieses Vertrauen vollständig zu entwickeln.

Deshalb war die Antwort des Kinderpsychologen so kurz. Er hat erkannt, dass aufgrund der Beschreibung der Eltern, dieses Vertrauen bei ihrem Kind einfach noch nicht vollständig ausgebildet ist. Man kann dieses Vertrauen nicht erzwingen, so wie man nicht am Rasen ziehen kann, damit er schneller wächst. Daher ist Geduld gefragt.

Alternativ kann man darüber nachdenken, wie man die Entwicklung dieses Vertrauens unterstützen kann. Kinder sind individuell in ihrer Entwicklung, und es ist wichtig zu verstehen, dass der Wunsch der Eltern, auch einmal allein etwas zu unternehmen, der Rücksicht davor gegenübersteht, dass die Entwicklung des Kindes den Zeitpunkt dafür bestimmt.

Es ist von großer Bedeutung zu verstehen, dass das Erzwingen keine gute Lösung ist. Manchmal beobachten wir, dass Eltern ihre Kinder schreiend zurücklassen, weil sie nicht

bevormundet werden wollen und denken, dass
dies den Kindern beibringt, allein zurechtzu-
kommen. Doch in Wirklichkeit fördert dieses
Verhalten kein Vertrauen, es steht der Ausbildung der Objektkonstanz entgegen. Es führt
dazu, dass Kinder resignieren, und hinterlässt
kleine seelische Verletzungen.

Wir müssen keine Angst davor haben, dass
unsere Kinder nie allein zurechtkommen werden, wenn wir ihren Wunsch nach Nähe respektieren. Im Gegenteil. Wenn wir ihnen Nähe und
Geborgenheit geben, immer wenn sie danach
verlangen, entwickeln sie ein gesundes Vertrauen, das sie eines Tages von selbst in die Lage
versetzt, ohne die Eltern auszukommen. Es ist
entscheidend für die gesunde Entwicklung eines
Kindes, dass wir ihm die Zeit lassen, die es benötigt, und sein Tempo akzeptieren, anstatt es
zu erzwingen.

Kapitel 7

Die Korrektur

An einem gewöhnlichen Tag, nachdem ich die Schule verlassen hatte, kehrte ich in unser Zuhause zurück. Ich öffnete die Haustür, zog meine Schuhe aus und ging die Treppe hinauf, die in den ersten Stock führte, wo sich mein Zimmer befand. Gleich nebenan lag das Schlafzimmer meiner Eltern, nur wenige Schritte entfernt.

Doch ehe ich die Tür zu meinem eigenen Reich erreichte, riss mein Stiefvater plötzlich mit roher Gewalt die Schlafzimmertür auf und baute sich mit wutentbranntem Gesicht vor mir auf. Sein Gesicht von Zorn errötet, starrte er mich an, als ob er mich mit seinen glühenden Augen durchbohren wollte. Dann, mit einer Wut, die so gewaltig war, dass die Wände zu erzittern schien, schrie er mich an. Er schrie so laut, dass ich einfach erstarrte, und ich konnte nur hilflos zu ihm aufschauen und es passieren lassen. Er schrie mich an, warum ich die Treppe so raufstampfen würde, und ahmte es nach, in dem er mit einem Fuß nach dem anderen auf den Boden stampfte, dass es zu beben schien.

Die Situation, in der ich mich befand, war schwer zu erfassen. Ich versuchte fieberhaft, mich daran zu erinnern, wie ich die Treppe hinaufgegangen war. Hatte ich wirklich so viel Lärm gemacht? Die Worte meines Stiefvaters hallten in meinen Ohren wider, und ich fühlte mich innerlich erdrückt. Es war nicht das erste Mal, dass er derart explodierte; bei ihm musste man immer auf der Hut sein. Ein Gefühl der Ohnmacht breitete sich in mir aus, begleitet von dieser quälenden Vorstellung, einer willkürlichen Gewalt ausgeliefert zu sein, der ich hilflos gegenüberstand und der Angst davor, was er mir noch antun könnte. Wie sieht wohl die Steigerung einer solchen Wut aus?

Nach diesem fürchterlichen Ausbruch knallte er die Schlafzimmertür brachial hinter sich zu. Ich blieb zurück, wie gelähmt, gedemütigt und herabgewürdigt. Ich fühlte mich, als hätte mich ein wildes Raubtier überfallen und meine Seele zerrissen. Dieses schreckliche Gefühl, dieser Gewalt ausgeliefert zu sein, ohne die Möglichkeit zur Gegenwehr, erfüllte mich mit Übelkeit. Ich zog mich in mein Zimmer zurück, die Schwere der Stimmung hing wie Blei in der Luft. Die Aussicht darauf, ihm später erneut begegnen und alles tun zu müssen, um seine Gunst zu erlangen und seinen Zorn zu lindern, lastete schwer auf meinen Schultern. So saß ich allein in meinem Zimmer, ein Vakuum in mir, und suchte Zuflucht in meiner eigenen Gedankenwelt.

Ich kannte den Arbeitsplan meines Stiefvaters nicht. Er war Diplom Sozialpädagoge und arbeitete in einem Heim für Kinder. Es gab verschiedene Schichten. Dazu gehörte auch in der Nacht zu arbeiten, was mitunter dazu führte, dass er am Morgen nach Hause kam und dann tagsüber schlief. Mir war als Kind nie bewusst, wann das sein würde. Es sprach keiner mit mir oder bereitete mich darauf vor. Aus der Sicht meiner Kinderwelt, war dies völlig willkürlich und lag zu jeder Zeit wie eine Bedrohung in der Luft. Zudem war das Thema „Leise sein" ein zentrales in meiner Kindheit. Nicht nur wegen der spezifischen Bedrohung, dass mein Stiefvater vielleicht gerade wieder Mittagsschlaf hält, nein, auch sonst war es oberstes Gebot, sich möglichst so zu bewegen, dass niemand einen wahrnimmt.

Hintergrund

Natürlich, die beschriebene Situation war ziemlich extrem. In diesem Kapitel möchte ich mit dir über Möglichkeiten sprechen, wie man Kinder korrigieren kann, ohne laut zu werden oder Gewalt anzuwenden.

Kinder benötigen Grenzen und Erziehung. Sie entwickeln sich stetig weiter und brauchen einen klaren Rahmen, um sich gesund zu entfalten und zu lernen, was angemessenes Verhalten ist. Dazu gehört auch, dass ihr Verhalten gelegentlich korrigiert werden muss. Aber wie können wir das tun, ohne laut zu schreien oder gewalttätig zu werden? Was sind die besten Wege, um unsere Kinder zu korrigieren?

Lass uns mit der Art und Weise beginnen. Eine ruhige und gelassene Haltung ist der erste Schritt. Wir sollten versuchen, ruhig zu bleiben und Wohlwollen auszustrahlen, selbst wenn es uns manchmal schwerfällt. Dies ist die grundlegende Voraussetzung für erfolgreiche Korrekturen. Warum ist das so wichtig? Nicht nur, weil es in unserem eigenen Interesse liegt, da wir gern unsere eigenen Ziele auf dem erfolgversprechendsten Weg erreichen möchten, sondern vor allem, weil wir möchten, dass unsere Kinder gesund aufwachsen und sich ohne übertriebene Härte und daraus resultierenden Ängsten und Verunsicherungen, gut entwickeln können.

Im nächsten Schritt geht es darum, wie wir unsere Botschaft vermitteln. Hier kann es hilfreich sein, in der Ich-Form zu sprechen. Zum Beispiel könnten wir sagen: „Ich bin nicht glücklich, wenn du das oder jenes so machst." Warum ist das wichtig? Es hat zwei entscheidende Vorteile. Erstens helfen wir unserem Kind, zu verstehen, dass es als Person nicht falsch ist, selbst wenn es etwas tut, was wir als Eltern für nicht richtig halten. Sagen wir nur: „Lass das, hör auf damit" kann es leicht passieren, dass das Kind versteht, dass es selbst nicht richtig ist, weil es besonders in ganz jungen Jahren schwer bis gar nicht rational zwischen dem, was es tut und dem, was es ist, trennen kann.

Warum brauchen wir nicht laut werden? Denken wir daran, dass Kinder von einer großen Energie angetrieben werden, den Eltern gefallen zu wollen. Wenn ein Kind also korrigiert wird, dann kommt es dem Kind ohnehin schon wie eine kleine Niederlage vor, die mal mehr mal weniger schmerzt. Es braucht an dieser Stelle keine Verstärkung, indem man laut wird.

Nachdem wir unserem Kind gesagt haben, dass sein Verhalten uns nicht erfreut, und wir verstehen, wie sehr es danach strebt, uns durch sein Verhalten zufriedenzustellen, können wir dies noch weiter verfeinern. Wir können unserem Kind nicht nur mit „Ablehnung" begegnen, sondern auch einen Ausweg bieten, den ich an anderer Stelle schon einmal beschrieben habe. Mit dieser Methode korrigieren wir das Verhalten unseres Kindes nicht nur, sondern lösen die Situation auf, indem wir ihm im selben Augenblick die Möglichkeit geben, wieder in einem positiven Licht zu glänzen - etwas, was es sich im Innersten immer sehnlichst wünscht.

Als nächstes könnten wir zum Beispiel sagen: „Kannst du das bitte so machen? Das würde

Papa wirklich freuen." Auf diese Weise lenken wir die Aufmerksamkeit unseres Kindes weg von dem, was es falsch gemacht hat, und hin zu einer Möglichkeit, uns glücklich zu machen. Wir geben ihm eine positive Perspektive, wie es uns gefallen kann, und ermöglichen ihm, sich auf positive Weise zu behaupten und seine Fähigkeiten zu zeigen. Das stärkt nicht nur das Selbstwertgefühl des Kindes, sondern zeigt ihm auch, wie es konstruktiv mit Kritik umgehen kann, anstatt sich niedergeschlagen oder abgelehnt zu fühlen.

An dieser Stelle denken wir wieder an die Macht der positiven Verstärkung. Nachdem unser Kind die Korrektur in der Ich-Form wahrgenommen hat und verstanden hat, wie die Alternative aussieht, um wieder positiv aufzufallen, können wir das neue Verhalten weiter festigen, indem wir ein kleines Lob hinzufügen. Zum Beispiel könnten wir sagen: „Das machst du jetzt wirklich schön, das gefällt Papa sehr."

Das Lob, das wir unserem Kind geben, ist wie das Sahnehäubchen. Es verstärkt das positive Verhalten und ermutigt unser Kind, in dieser Weise fortzufahren. Indem wir Lob verwenden, signalisieren wir unserem Kind, dass sein Verhalten geschätzt wird und dass es unsere Anerkennung verdient hat. Es wird ermutigt, sich in Zukunft ähnlich zu verhalten, da es gesehen hat, dass sein Bemühen und seine Anstrengungen wahrgenommen und geschätzt werden.

Die Kombination aus klarer Kommunikation in der Ich-Form, der Präsentation einer positiven Alternative und Lob kann ein äußerst effektiver Weg sein, um Kinder zu korrigieren und ihnen dabei zu helfen, sich angemessen zu entwickeln, ohne auf Gewalt oder laute Auseinandersetzungen zurückgreifen zu müssen.

Gerne möchte ich dies noch einmal in einer Art „Schablone zur erfolgreichen Korrektur" zusammenfassen. Diese Schablone ist wie ein bewährtes Werkzeug, das Eltern helfen kann, ihre Kinder liebevoll und effektiv zu erziehen. Sie ist als Basis zu verstehen und kann je nach den individuellen Bedürfnissen und Umständen angepasst werden.

Hier ist die Schablone im Detail:

1. **Haltung**: Ruhig, gelassen, wohlwollend

Es ist wichtig, dass Eltern in einer ruhigen und gelassenen Art und Weise mit ihren Kindern sprechen. Dies schafft eine positive Atmosphäre und verhindert, dass die Situation eskaliert. Eine wohlwollende Einstellung zeigt dem Kind, dass die Eltern es respektieren und verstehen.

2. **Ausdruck**: Die Ich-Form

Statt zu sagen: „Lass das" ist es effektiver zu sagen: „Ich bin nicht glücklich darüber, wenn du das so machst." Indem Eltern in der Ich-Form sprechen, vermeiden sie, das Kind persönlich anzugreifen. Das Kind fühlt sich nicht als schlechter Mensch, sondern erkennt, dass sein Verhalten das Problem ist.

3. **Alternativ-Angebot**: Positive Aussicht

Nach der Korrektur sollte den Kindern eine positive Alternative angeboten werden. Zum Beispiel: „Mache es bitte so, das würde uns sehr gefallen." Dies zeigt dem Kind, wie es sich in der Zukunft anders verhalten kann. Zudem wird die Situation gleich mit einem positiven Momentum aufgelöst.

4. **Bestätigung**: Positive Verstärkung

Bestätigung ist ein wichtiger Bestandteil der Erziehung. Nachdem das Kind die Korrektur wahrgenommen und das gewünschte Verhalten gezeigt hat, ist es entscheidend, Lob auszusprechen. Ein einfaches „Schön gemacht!" oder „Das hast du toll gemacht!" ermutigt das Kind und verstärkt das positive Verhalten.

5. **Verhältnis**: 5 zu 1

Eine gute Faustregel ist, fünfmal öfter Lob auszusprechen als Tadel. Dies schafft eine positive und unterstützende Umgebung für das Kind. Das Kind fühlt sich wertgeschätzt und ermutigt, sich gut zu verhalten. Dabei geht es nicht darum, es den ganzen Tag mit Lob zu überschütten. Es geht vielmehr darum, sich des gesunden Verhältnisses von Lob und Tadel bewusst zu werden.

Diese Schablone kann als Leitfaden für Eltern dienen, um in der Kindererziehung erfolgreich zu sein. Es ist wichtig zu verstehen, dass Erziehung ein Prozess ist und dass es keine perfekte Methode gibt. Dennoch kann diese Schablone Eltern dabei helfen, eine liebevolle und respektvolle Beziehung zu ihren Kindern aufzubauen und ihnen die Fähigkeiten beizubringen, die sie für ihr Leben benötigen.

Vielleicht bemerkst du, dass du viele dieser Dinge bereits intuitiv tust. Du begleitest dein Kind mit Freude auf seiner Reise der persönlichen Entwicklung. Du stellst ihm eine anregende Umgebung zur Verfügung, in der es Neues ausprobieren und lernen kann. Du korrigierst sein Verhalten auf eine liebevolle und ruhige Weise, sprichst in der Ich-Form über deine

Gefühle und zeigst Anerkennung, wenn dein Kind sich so verhält, wie du es dir wünscht. Du nutzt die natürliche Neugier und den Wunsch deines Kindes, dir zu gefallen, um seine gesunde Entwicklung zu fördern. Das hilft ihm, großes Urvertrauen aufzubauen und eine starke Persönlichkeit zu entwickeln.

Für diejenigen, die noch daran arbeiten, ist die Schablone eine großartige Orientierung. Sie bietet eine klare Anleitung, wie man Kinder unterstützen kann. Es ist erstaunlich, wie viel schneller, gesünder und begeisterter Kinder aufwachsen, wenn wir sie auf diese Weise begleiten. Es ist eine Methode, die Freude und Erfolg in der Kindererziehung erzeugt. Damit ermöglichen wir ihnen, sich zu gesunden Erwachsenen zu entwickeln, die mit Selbstvertrauen und Begeisterung ihr Leben gestalten können.

Die Methode, das Verhalten unserer Kinder überwiegend negativ und bisweilen mit Härte zu quittieren, wenn es uns missfällt, um ihnen unmissverständlich ihre Grenzen aufzuzeigen, während wir ihr positives Verhalten selten loben, funktioniert, so muss ich es leider sagen, nicht einmal bei Tieren gut.

Kapitel 8

Ernährung

Es war einmal, vor vielen Jahren, da ich noch ein kleiner Junge war, als ich mit einer befreundeten Familie meiner Eltern und deren Freunden einen Urlaub auf der Insel Norderney verbrachte. Es war eine Zeit voller Sonnenschein und Meeresrauschen, eine Zeit, die für die meisten Kinder Freude und Entspannung verspricht. Aber für mich war es eine Zeit mit gemischten Gefühlen.

Du weißt, mein Verhältnis zu meinen Eltern war nicht einfach. Es war kompliziert und schwierig, und ich sehnte mich oft danach, Teil einer warmherzigen und liebevollen Familie zu sein. Das Gefühl, von meiner eigenen Familie nicht richtig verstanden oder geliebt zu werden, war ein ständiger Begleiter in meiner Kindheit. In solchen Momenten, wie diesem Urlaub auf Norderney, versuchte ich oft, dieses Gefühl zu kompensieren, indem ich Zeit mit anderen Familien verbrachte, bei denen ich ein harmonisches und stabiles Umfeld suchte.

Schon in meiner frühen Kindheit war es so, dass meine Mutter oft froh war, wenn jemand anderes auf mich aufpassen konnte, da sie selbst wenig Zeit hatte. Als ich älter wurde, setzte ich dieses Verhalten fort, indem ich mich zeitweise bei anderen Familien aufhielt. Ich sehnte mich nach diesem Gefühl von Geborgenheit und Zugehörigkeit, das ich in meiner eigenen Familie nicht fand. So verbrachte ich viel Zeit meiner Kinderjahre in der Fremde.

In diesem speziellen Urlaub auf Norderney war ich ohne meine Eltern, in Gesellschaft einer befreundeten Familie. Es war eine grundsätzlich angenehme Zeit, aber es gab einen Vorfall, der mir bis heute in Erinnerung geblieben ist. Es war eines Morgens, als die Mutter dieser Familie uns allen einen Brei zum Frühstück servierte. Die meisten würden sicherlich sagen, dass es ein leckeres Gericht war, aber für mich war es etwas völlig anderes.

Als der Duft dieses Breis meine Nase erreichte und ich den Teller vor mir sah, spürte ich, wie sich mein Hals zusammenschnürte. Ich konnte einfach keinen Bissen davon essen. Dieses Gefühl war so stark, als ob mein ganzer Körper selbst sich gegen diesen Brei verschloss.

Die Mutter, die mir den Brei auftrug, war eine Frau der alten Schule. Es wird gegessen, was auf den Tisch kommt, so ihr Kredo. Eine grundsätzlich gute Haltung, wie ich finde, und sicher auch ein gewichtiges Attribut der Nachkriegsgeneration, die zu oft erleben musste, wie es ist, wenn es tatsächlich einmal nichts zu essen gab. Dafür habe ich heute rational volles Verständnis.

Aber für mich war es damals eine völlig andere Welt. Ich hätte diesen Brei nicht essen können, selbst wenn man mich gezwungen hätte. Die Vorstellung, diesen Brei zu essen, führte zu einer Art körperlichem Widerstand in mir. Die Mutter dieser Familie, die als das Oberhaupt der Gruppe erschien, entschied jedoch, dass ich den Brei essen musste. Sie zwang mich, am Tisch sitzen zu bleiben, bis ich ihn gegessen hätte. Alle anderen waren längst aufgestanden und hatten sich vergnügt. Niemand half mir, und ich fühlte mich allein gelassen und hilflos.

Was mich besonders quälte, war die Tatsache, dass meine eigene Mutter nicht da war, um mir beizustehen. Ich war hin- und hergerissen zwischen dem Wunsch, sie bei mir zu haben, und der Erleichterung, dass sie nicht da war, da ich mich in ihrer Gegenwart oft ebenfalls unerwünscht fühlte. Diese Ambivalenz verstärkte die Komplexität meiner Gefühle noch mehr.

Die Minuten zogen sich wie Stunden hin, während ich in dieser Qual saß, festgehalten von einem Band der Pflicht. Die anderen Kinder hatten längst ihre Frühstücksreste vertilgt und sich auf den Weg gemacht, die Abenteuer des Tages zu erkunden. Doch ich, ich war gefangen in einem Drama, das mir keine Wahl ließ.

In diesen quälenden Momenten schien die Welt um mich herum zu verblassen, während mein Inneres von einem Sturm der Verzweiflung heimgesucht wurde. Es war, als ob ich in einem düsteren Theaterstück gefangen war, in dem ich die Rolle des Außenseiters spielte, der ständig versagte.

Mein kleines Herz schlug heftig, als ich auf die Uhr blickte und feststellte, dass bereits eine Ewigkeit vergangen war. Die Mutter dieser Familie, die den Brei als ultimativen Test meiner Gehorsamkeit ansah, behielt mich scharf im Auge, als ob sie Angst hätte, ich könnte entkommen. Es war eine Art von Kontrolle, die nicht nur meinen Körper, sondern auch meine Seele gefangen hielt.

Schließlich, nach einer gefühlten Ewigkeit, fand sie Gnade und ließ mich gehen, nicht ohne dies mit einem vernichtenden Urteil gegen mich zu quittieren. Sie war sehr ärgerlich, als ich aufstand und das Zelt verließ. Ich fühlte mich wie ein geprügelter Krieger, der aus der Schlacht floh. Die Scham und das Gefühl der Niederlage klebten an mir wie ein Schatten.

Während ich davonstapfte, fragte ich mich, wie das nächste Essen sein würde. Die Angst vor der Wiederholung dieses qualvollen Ereignisses lastete schwer auf meinen jungen Schultern. Und in meinem Inneren wuchs die Überzeugung, dass ich nicht gut genug war, dass ich etwas falsch gemacht hatte.

Ich sehnte mich nach einem Ort, an dem ich wirklich willkommen war, an dem ich mich geborgen fühlen konnte. Doch dieser Ort schien unerreichbar, und ich fand keine Heimat in dieser Welt, die so oft rücksichtslos und unverständlich war. So blieb ich ein verlorenes Kind, auf der Suche nach einem Ort, an dem ich wirklich dazugehörte.

Hintergrund

Kinder und gesunde Ernährung sind oft wie Feuer und Wasser - es scheint, als ob sie einfach nicht zusammenpassen wollen. Aber hier ist etwas Wichtiges zu verstehen: Kinder handeln nicht so, um ihren Willen durchzusetzen oder uns zu ärgern. Nein, sie handeln so, weil sie die Welt auf ihre eigene Weise wahrnehmen.

Die meisten von uns wissen bereits, dass Zwang selten eine gute Lösung ist. Wenn wir Kinder zwingen, etwas zu essen, das sie nicht mögen, kann das zu einem echten Kampf werden. Und was noch schlimmer ist, es kann dazu führen, dass sie dieses Essen noch mehr ablehnen. Warum? Weil Kinder in einer Welt leben, in der ihre Vorstellungskraft eine besonders große Rolle spielt.

Stell dir vor, dein Kind hat beschlossen, Brokkoli zu hassen. In seiner Fantasie ist Brokkoli wahrscheinlich ein grünes Monster, das furchtbar schmeckt. Wenn du es zwingst, Brokkoli zu essen, wird seine Fantasie nur noch intensiver. Es wird sich vorstellen, wie schrecklich dieser grüne Monster-Brokkoli schmeckt, und diese Vorstellung kann zur Realität werden.

Erinnere dich daran, dass Fantasie mächtig ist. Denk an die Schauspieler, die nach dem Dreh eines Films teils wochenlang Schwierigkeiten haben, aus ihrer Rolle wieder herauszufinden. Bei Kindern ist es ähnlich. Ihre Fantasie kann ihre Realität kraftvoll beeinflussen.

Denke daran, dass es Zeit braucht. Kinder können ihre Vorlieben für Essen im Laufe der Zeit ändern. Also sei geduldig und behalte im Hinterkopf, dass du dabei bist, die Grundlagen für eine gesunde Ernährung zu legen, die ihnen ein Leben lang zugutekommen werden.

Natürlich sind Süßigkeiten und ungesundes Essen keine guten Optionen, besonders für

Kinder. Es ist verlockend für sie, zu diesen Leckereien zu greifen, besonders wenn das Essen auf dem Tisch nicht ihren Vorlieben entspricht. Aber keine Sorge, es gibt viele kleine Tricks, um Kindern bei einer gesunden Ernährung zu helfen.

Zunächst einmal müssen Kinder nicht unbedingt zu den Hauptmahlzeiten essen. Besonders in jungen Jahren ist das nicht zwingend notwendig. So oder so kannst Du ihnen im Laufe des Tages aber immer kleine Schüsseln mit Nüssen, geschnittenen Äpfeln, Mandarinen oder kleinen Brothäppchen mit ihrem Lieblingsaufstrich einfach zur Seite stellen. Während sie spielen, greifen sie gern einfach zu. So kannst du sicherstellen, dass sie gesunde Snacks über den Tag hinweg zu sich nehmen.

Ein spielerischer Ansatz ist immer empfehlenswert. Wenn du das Essen in lustige Formen bringst, wie zum Beispiel einen Igel oder eine Lokomotive, kann das dazu führen, dass die Kinder es begeistert verschlingen. Auch die Einbindung der Kinder in den Vorgang der Zubereitung ist hilfreich. Das Rühren der Soße mit Papa kann ein großer Spaß sein, und sie werden stolz sein, das selbstgemachte Essen zu genießen.

Das Wichtigste ist, nicht aufzugeben. Du solltest ihnen nicht einfach ungesundes Essen geben, nur damit sie überhaupt etwas essen. Stattdessen solltest du herausfinden, was ihnen schmeckt, immer wieder neue Dinge ausprobieren und sicherstellen, dass sie auf spielerische Weise und mit kleinen Tricks die wichtigen Nährstoffe erhalten, die sie für ihr gesundes Wachstum benötigen. So werden sie gut aufwachsen und sich gesund entwickeln können.

Und am Ende sind es eben die Kinderjahre, in denen sie sehr wählerisch sind. Wenn wir ihnen wohlwollend begegnen und uns daran erinnern, dass wir selbst nicht viel anders waren und wissen, dass sich das mit der Zeit legt, können wir in entspannter Atmosphäre die Zeit mit ihnen genießen.

Kapitel 9

Hoffnung

Zum Ausklang meiner kleinen Reise, möchte ich über das Gute im Menschen sprechen und über die Hoffnung, die ich für unsere Erdengesellschaft und unsere Kinder darin hege.

In einem faszinierenden Experiment namens „Das Experiment mit den farbigen Männchen", durchgeführt von den Forschern René Baumann und Jürgen Todtenhausen, begibt man sich auf eine Reise in die Welt der menschlichen Natur, insbesondere in die Tiefen des kindlichen Gemüts.

Dieses Experiment führt uns zu einer Gruppe von sechs Monate alten Babys. Sie sind die Hauptdarsteller in einer Geschichte, die eine Ur-Frage der Menschheit aufwirft: Sind wir von Natur aus gute, hilfsbereite Wesen?

Die Bühne ist einfach. Kindern im Alter von einem halben Jahr werden drei kurze Filmsequenzen vorgespielt. In der ersten Szene sehen die Kinder ein kleines rotes Männchen, das mühsam einen Berg erklimmt. Die Anstrengung des kleinen roten Wesens ist spürbar, es kämpft allein gegen die Steigung an.

In der zweiten Szene sehen die Kinder, wie das rote Männchen wieder den Berg erklimmt. Nun kommt ein grünes Männchen hinzu, das es unterstützt, es anschiebt und ihm hilft, den Gipfel zu erreichen. Doch die Geschichte ist noch nicht zu Ende.

In der dritten Szene krabbelt das rote Männchen erneut den Berg hinauf, diesmal ohne die Hilfe des grünen Begleiters. Doch ganz oben erwartet uns eine unerwartete Wendung. Auf dem Gipfel erscheint ein kleines gelbes Männchen, das es wieder herunterstößt, bevor es den Gipfel erreichen konnte.

Was folgt, ist das Herzstück dieses Experiments. Die Forscher präsentieren den Babys die Figuren der grünen und gelben Männchen in physischer Form. Die Frage, die sich stellt, ist: Nach welchem Männchen werden sich die kleinen Protagonisten in diesem Experiment sehnen?

Die Antwort ist bemerkenswert. Fast einhellig greifen die Babys nach dem grünen Männchen, dem Helfer in der Geschichte. Dieses klare und eindeutige Ergebnis lässt Raum für tiefgründige Überlegungen. Neigen wir von Geburt an dazu, anderen zu helfen und Unterstützung anzubieten? Sind wir, wenn wir auf die Welt kommen, im Kern gute Wesen?

Doch das Experiment endet hier nicht. Später wurde das Experiment mit den nun älteren Kindern wiederholt. Dieses Mal ergibt sich eine bemerkenswerte Veränderung. Jetzt greifen schon viel mehr der Kinder nach dem gelben Männchen, demjenigen, das das rote Männchen vom Gipfel gestoßen hat.

Dieser Wandel wirft interessante Fragen auf. Was hat sich in der Zwischenzeit geändert? Warum haben einige Kinder ihre Vorlieben geändert? Die Antwort liegt in der Prägung, die sie durch ihre Umwelt erfahren haben. Diese Kinder haben gelernt, dass egoistisches und rücksichtsloses Verhalten in der Gesellschaft belohnt wird. Sie haben die „frohe Botschaft" des ursprünglichen Experimentes verloren.

Das „Experiment mit den farbigen Männchen" enthüllt somit eine zentrale Erkenntnis: Wir kommen als soziale und wohlwollende Wesen auf die Welt, mit der Neigung, anderen zu helfen. Es ist unsere Umgebung, unsere Erziehung und all die äußern Einflussfaktoren und Erfahrungen, die wir im Laufe unseres Lebens machen, die unsere soziale Anlage beeinflussen und verändern können.

Dieses Experiment ist nicht nur eine wissenschaftliche Untersuchung, sondern eine Reise zu den Wurzeln unserer menschlichen Natur. Es erinnert uns daran, dass wir die Wahl haben, zu welchen Wesen wir heranwachsen möchten, und dass die ursprüngliche Güte, die in jedem von uns existiert, nie wirklich verloren geht.

In den Tiefen des Lebens existiert ein verborgenes Geheimnis - das Wesen der Kindheit. In dieser unschuldigen Phase, wo die Seele eines Kindes erblüht, können die Schatten der Unachtsamkeit, des Liebesentzugs und der Gewalt wie düstere Wolken über das Firmament ziehen.

Liebesentzug und Gewalt werden allzu oft aus unseren eigenen Schwächen geboren. Getrieben von unerfüllten Sehnsüchten und dem Drang, unsere Kinder in das Korsett unserer Vorstellungen zu zwängen, vernachlässigen wir oft ihre einzigartige Seele und Persönlichkeit. Wir rauben ihnen die Freiheit, sich selbst zu erkunden und zu entfalten.

Doch inmitten dieser Dunkelheit glimmt ein Licht der Hoffnung. Mit jedem neuen Sonnenaufgang, der uns einen weiteren Tag schenkt, haben wir die Möglichkeit, uns für das Richtige zu entscheiden. Unsere Kinder verdienen nichts Geringeres als unsere bedingungslose Liebe und unsere achtsame Begleitung auf ihrem Weg.

Die Kindheit ist wie ein fruchtbarer Boden, auf dem die Samen der Persönlichkeit gedeihen.

Unser Auftrag als Eltern ist es, diesen Boden mit
Liebe, Verständnis und Fürsorge zu nähren. Wir
sollten Brücken bauen, die sie sicher über die
Ströme des Lebens führen.

Denn das Leben ist ein unbekanntes Abenteuer, ein Buch mit leeren Seiten, dessen Geschichten erst noch geschrieben werden müssen. Unsere Kinder werden auf ihren Wegen
Herausforderungen begegnen, von denen wir
heute noch nichts wissen können. Doch wenn
wir ihnen helfen, eine innere Stärke und Balance
zu entwickeln, werden sie gewappnet sein, allen
Stürmen mutig entgegenzutreten.

Diese innere Stärke ist die Schlüsselantwort
auf alle Rätsel, die das Leben ihnen stellen wird.
Sie schenkt ihnen die Fähigkeit, mit Zuversicht
und Gelassenheit zu handeln, wenn die Welt um
sie herum jegliche Form von Aufgaben stellt. Sie
gibt ihnen die Kraft, ihre eigenen Träume zu verfolgen und ihre Bestimmung zu finden.

So liegt es in unserer Verantwortung, die Kinder auf ihrem Weg zu begleiten, nicht als Lenker,
sondern als liebevolle Wegweiser. Lassen wir sie
fliegen und gleichzeitig wissen, dass unsere
Liebe in ihren Herzen verankert ist. In dieser Balance zwischen Freiheit und Geborgenheit, zwischen Selbstentfaltung und Unterstützung,

finden sie den Weg zur wahren Größe ihrer Persönlichkeit.

Kinder sind der Spiegel der Eltern. Sie sind unsere lebendigen Zeugen und Erben. Steht es nicht gut um sie, so lasst uns danach forschen, was wir tun können. In der Regel ist es nicht ihre Schuld.

Wir, die Erwachsenen, tragen die Verantwortung für die Generationen von morgen. Doch allzu oft haben wir den Pfad der Weisheit verlassen. Wir verkaufen Kriege als Lösung und erziehen unsere Kinder in Systemen, die die Flamme ihrer Begeisterung ersticken, anstatt sie zu entfachen. Unser System, geprägt von Monotonie und Routine, lässt wenig Raum für die kreative Entfaltung der Persönlichkeit. Stattdessen pressen wir sie in ein fragwürdiges Korsett und formen sie zu Zahnrädern eines kühlen Systems.

Gewalt, Liebesentzug und Präsenzentzug sind die Werkzeuge der Schwachen, jener, die es nicht besser wissen. Sie hinterlassen seelische Wunden und Narben, die ein Leben lang schmerzen. Wir tragen die Verantwortung, diese schmerzhaften Erbschaften zu verhindern und unseren Kindern eine bessere Zukunft zu schenken.

Es ist an der Zeit, dass wir Verantwortung übernehmen. Wenn wir nicht wissen wie, dann sollten wir suchen und lernen. Die Quellen des Wissens sind reichlich vorhanden, und die Psychologie des Menschen ist ein umfänglich erforschtes Gebiet.

Lasst uns besser handeln, lasst uns die Kinder zu freien Denkern, zu reflektierenden Individuen, zu glücklichen Seelen und starken Persönlichkeiten erziehen. In ihren Augen liegt die Hoffnung auf eine bessere Welt. Lassen wir uns von ihrer reinen Sichtweise leiten, und möge diese Welt sich zum Besseren wandeln. Die Verantwortung liegt bei uns, den Erwachsenen, und es ist an der Zeit, sie wahrzunehmen.

ENDE

&

ANFANG